잭슨

아동의 교실생활

아동의 교실생활

초판 인쇄 1978년 06월 30일
개정판 발행 2019년 08월 30일

지은이 필립 W. 잭슨
엮은이 차경수
펴낸이 김진남
펴낸곳 배영사

등 록 제2017-000003호
주 소 경기도 고양시 일산서구 구산동 1-1
전 화 031-924-0479
팩 스 031-921-0442
이메일 baeyoungsa3467@naver.com

ISBN 979-11-89948-02-3 (93370)
잘못 만들어진 책은 바꾸어 드립니다.

정가 9,000원

잭슨

아동의 교실생활

Philip W. Jackson 저
차경수 역

배영사

머리말

이 책은 학교와 어린이에 관심이 있는 사람들을 위하여 집필한 것이지만, 특히 교육자 · 행정가, 그리고 교실의 아동과 직접적으로 관계를 맺으면서 생활하는 교사들을 위하여 집필한 것이다. 이 책의 목적은 학교를 비난하거나 칭찬하거나, 또는 학교의 모습을 변화시키려고 하는 데에 있지 않다. 다만 그 목적은 지금까지 소홀하게 취급되어 온 학교의 몇 가지 모습에 대하여 독자의 흥미와 관심을 불러일으키려는 데 있다.

이 책의 내용은 초등학교의 교실에서 일어나고 있는 일들에 한정되어 있다. 나는 의도적으로 긴 학교생활의 초기에 해당하는 초등학교시기를 강조하였다. 왜냐하면 어린이들이 인간의 관습 · 도덕 · 법률 등의 국법이나 사회 구조에 대해서 이해하기 시작하는 것은 이 시기 이기 때문이다. 그리고 어린이들은 이 시기에 그들이 앞으로 다가올 학교의 생활에서 필요한 적응의 전략을 배우는 것이다. 고등학교와 대학 생활은 초등학교 생활과 물론 다르지만, 그들 사이에는 기본적인 유사성이 있다. 그들이 모두 학교(學校)라는 점에서는 근본적으로 같은 것이다.

이 책은 여러 가지 기록물과 같은 서술방식을 취하고 있다. 경험적인 연구와 이론적인 연구가 섞여 있고, 수량적인 도표의 자료와 비수량적(非數量的)인 설명이 섞여 있다. 표현방법이 때로는 딱딱하고 때로는 부드럽다. 그러나 나는 특수한 목적을 가지고 표현방법을 그렇게 혼합하였다. 교실생활은 너무나 복잡한 것이기 때문에 어느 하나의 시각(視角)에서 고찰되기는 어렵다. 따라서 학교가 학생과 교사에게 갖는 의미를 이해하기 위해서 우리는 우리가 알고 있는 모든 방법을 이용하지 않을 수 없다. 우리는 읽고, 쳐다보고, 듣고, 물건의 숫자를 계산하고, 사람들과 이야기하고, 우리들 자신의 어렸을 때의 기억을 회상하지 않으면 안 된다. 이렇게 하면서 우리는 우리가 알고 있는 것들을, 쓰고 싶은 충동을 느끼게 되는 것이다. 이 책에서 나는 이와 같이 다양한 방법을 사용하려고 노력하였다.

어떤 독자들은 이 책에서 인용되고 있는 몇 개의 연구들을 너무 낡은 것이라고 생각할지 모르겠다. 오늘날과 같이 연구물(硏究物)들이 통계 분석에 의하여 대량적으로 쏟아져 나오는 시기에 낡은 연구보고서의 내용을 심각하게 제기하는 것을 독자들은 좀 이상하게 여길 것이다. 그러나 이들 초기의 몇 가지 보고서들은 오늘날의 연구자들이 검토하지 않은 매우 중요한 문제들을 놀라울 정도로 잘 제기하고 있다. 새로운 것에 관심이 있는 오늘날의 독자들은 이들 초기의 연구들을 주의스럽게 고찰함으로써 많은 것을 배울 것이다.

이 책은 교과서가 아니기 때문에 나는 이 책에서 교실생활에 관한 모든 연구들을 체계적으로건 비체계적으로건 검토하려고 시도하지 않았다. 독자들은 휴(Marie Hughes)나 스미드(B. O. Smith) 또는 그 이외의 많은 저명한 학자들의 교실에 관한 연구를 이 책에서 발견하지 못할 것이다. 그것은 그들의 연구를 과소평가해서가 아니라 몇 가지 문제에 초점을 맞추려고 하는 이 책의 성격 때문이다.

이 책에 대한 관심(關心)은 행동과학연구소의 객원교수였을 때에 시작되었다. 그때에 나는 캘리포니아에 있는

팰로 앨토(Palo Alto)의 많은 초등학교를 방문할 기회를 가졌다. 이 방문의 덕택으로 나는 학교생활의 현실을 연구할 가치가 있다는 것을 확신하게 되었다. 나는 나에게 행동과학연구소에서 연구할 기회를 준 시카고 대학교의 체이스(Francis S. Chase) 교육학과 과장과 나에게 새로운 방향의 연구를 격려한 타일러(Ralph Tyler) 교수에게 감사한다. 그리고 내가 교실의 뒤에 앉아서 수업을 참관할 수 있게 해 준 앨리슨(Margaret Allison)을 비롯한 세 사람의 교사들에게 심심한 감사를 드린다. 그들은 점심시간이나 수업이 끝난 후 나의 질문에 정성껏 대답해 주었다.

내가 시카고로 다시 돌아왔을 때에 나는 교실생활을 체계적으로 관찰하기로 결정하여 시카고 대학교의 로어(Lower) 실험학교의 뉴먼(Ro-bert Newman)교장의 협조를 얻었다.

나는 처음에 두 개의 4학년 학급을 관찰하였고, 나중에 다시 1학년 한 학급과 2학년 한 학급을 관찰할 수 있었다. 이들 네 학급에 대한 나의 방문과 그 학교에서의 교사들과의 이야기는 이 책을 쓰는 데 매우 유익한 자료가 되었다. 대부분의 교사들은 방문객을 환영하지만 방문이 2년간이나 계속되고 방문객이 학교가 끝난 뒤에도 식당과 운동장까지 쫓아다니면서 질문을 계속하면 아마 좀 짜증이 날 것이다. 그러나 내가 만난 실험학교의 네 교사들도 물론 그러한 감정을 느꼈겠지만 그들은 나의 앞에서는 그러한 감정을 보이지 않게 하려고 노력하였을 것으로 생각한다. 내가 그들 네 사람과 각각 훌륭한 우정을 나눌 수 있었던 것은 그들이 교육적인 인내심을 가지고 있었기 때문이었다. 나는 교실의 방문자들이 모두 나와 같이 운이 좋기를 빈다.

콜버어그(Lawrence Kohlberg)를 비롯한 다섯 사람이 이 책의 원고를 읽어 주는 수고를 하였다. 나는 그들의 격려와 솔직한 비판, 현명한 충고에 매우 감사한다. 물론 이 책의 어떠한 결점도 그것은 나의 책임이지만 이 책의 모든 장점은 그들과 함께 나누어져야 한다. 나는 또 읽기조차 어려운 나의 악필(惡筆)을 깨끗하게 정리해 준 코테이드(Yvette Courtade)에게도 감사한다. 그녀는 이 책을 처음부터 끝까지 정리하였다.

이 책의 일부는 학교연구, 초등학교 연구, 교육심리학 연구와 같은 학술지에 발표되었던 논문들이다. 나는 이들 논문을 출판할 수 있도록 허락해 준 잡지사들에게 감사한다.

끝으로, 이 책을 쓰는 동안 원고지 몇 장을 끝낼 때마다 나의 아내에게 읽어 보고 그 느낌을 말하라고 요구하였다. 아내는 거칠고 애매한 부분을 많이 고쳐주었다. 그러나 편집에 관한 아내의 명석한 통찰력보다도 더 중요한 것은 이 연구를 위한 아내의 신념이었다. 아내는 그것을 말로 나타내려고 하지 않았지만 나는 충분히 알 수 있었다.

일리노이 주의 시카고에서

필립 잭슨 씀

차례

제1장

지루하고 복잡한 교실생활

제도에서 시시하게 요구되는 질서라고 하는 것은
인간적인 면에서 보면 무질서이다.
여기에 저항한다는 것은 정신적으로 건강하다는 증거이며,
젊은이들은 이미 이것을 알고 있다.

- 테오도르 뢰트케 -

지루하고 복잡한 교실생활

학교가 개학을 해 있는 동안 그들은 아침에 그들의 사랑하는 자녀들에게 준비물과 책을 싸주고 작별의 키스를 하면서 초등학교로 자녀를 보낸다. 집에서 학교로 가는 이 집단적인 대이동(大移動)은 별다른 혼란 없이 잘 진행된다. 아주 어린 녀석을 빼놓고는 눈물을 흘리는 어린이도 없고, 그렇다고 좋아서 환성을 지르는 어린이도 없다. 현대 사회에서 학교에 등교하는 것은 너무 흔한 일이므로 어린이들이 학교에 가서 어떻게 될까 걱정하는 부모들도 별로 없다. 물론 때로는 관심을 쏟는 경우도 있다. 어린이의 성적이 아주 좋거나 또는 무엇이 잘못되었다고 학교에서 통지를 받을 때에는 최소한도 그때만은 그것이 어린이에게 주는 의미를 부모들은 생각해 본다. 그러나 대부분의 경우에는 "우리 집 아이가 지금 집에 오고 있는 중이구나" 하고 생각하는 정도로 그친다.

부모들은 물론 자녀들의 학교생활에 관심이 없는 것은 아니다. 아이가 터벅거리면서 집에 오면 부모들은 대개 학교에서 어떻게 지냈으며, 무슨 일이 일어났었느냐고 물어본다. 그러나 질문과 대답은 모두 학교의 일상생활에 대해서보다도 특별한 일에 대해서 진행된다. 다른 말로 하자면 부모들은 실질적인 학교생활의 내용에 대해서보다도 학교생활에서 일어나는 재미있는 일에 대하여 관심이 있는 것이다.

교사들도 아이들의 학교생활 중에서 특수한 부분에 대해서만 주로 관심이 있다. 그들도 하루 중 특수한 학생이 학교에서 잘하거나 잘못한 행동에 마음이 쏠려 있다. 이러한 것은 학생 쪽에서 보면 그의 긴 하루의 시간 중 아주 짧은 순간적인 것이다. 교사들도 학부형들과 마찬가지로 교실에서 일어나는 수많은 자질구레한 일들의 중요성을 심각하게 생각하는 경우는 매우 드물다.

학생이라고 특별히 다를 것은 없다. 학교에서 일어났던 일들에 관해서 자세하게 대답할 수 있는 학생은 거의 없다. 학생들에게 학교는 그저 “나는 국어 시험에 100점을 맞았다.” “새로 전학해 온 학생이 내 곁에 앉았다.” “우리는 체육관에 갔다.” “오늘은 음악을 했다.” 등 몇 개의 사건이 기억에 남을 뿐이다. 그가 기억할 수 있는 것은 부모들이 물어보는 질문과 비슷하다.

학교생활 중에서 중요한 사건에만 우리의 관심이 집중되는 데는 그럴 만한 이유가 있다. 우리는 다른 일상생활에서도 사건을 선택적으로 기억한다. 하루 동안 사무실에서 무얼 했느냐고 누가 물으면 버스 타러 왔다 갔다 하거나 물 마시러 왔다 갔다 했다고 대답하는 사람은 거의 없다. 이런 일을 보고하는 것보다는 차라리 아무 일도 없었다고 대답하는 편이 나을 것이다. 특히 재미있는 일이 일어나지 않는 한 우리는 별로 이야기하지 않는다.

그러나 우리가 별로 관심을 표시하지 않는 이들 사소한 사건들이 인생에 주는 의미는 매우 중요하다. 이들은 우선 우리의 일상생활 중에서 겉으로 나타나는 사건들보다도 더 많은 부분을 차지한다. 우리의 일상생활은 특수한 사건들에 의하여 때로는 다채롭게 되지만 사소한 일로 가득 찬 일상생활은 지루한 것이다. 인류학자들은 현장연구를 통하여 이들 사소한 일들이 인생에서 갖는 문화적 중요성을 사회과학자들보다도 더 잘 안다. 이것이 우리가 초등학교의 교실생활을 이해하려고 할 때에 잊어서는 안 될 중요한 교훈인 것이다.

1

학교는 시험에 실패하고 성공하는 곳이다. 학교에서는 재미있는 일이 일어나고 새로운 통찰력이 길러지고 기술이 획득된다. 그리고 학생들이 앉고, 듣고, 자기의 차례를 기다려야 하고, 손을 들고, 시험지를 나누어주고, 줄을 서고, 연필을 깎는 곳이다. 학교는 적과 친구를 만나는 곳이며, 또 사랑과 미움이 교차하는 곳이다. 학교생활 중에서 잘 알려진 형식적인 면과 잘 알려지지 않은 잠재적인 교육을 등한히 하기 쉽지만 그것이 아동들에게 미치는 영향이 크기 때문에 교육자들은 거기에 더 많은 관심을 기울여야 한다.

교실 안에서 일어나는 사소한 사건의 중요성을 검토하기 위해서 사건 발생의 빈도, 표준화된 학교환경, 강제적인 출석 규정 등에 관하여 고찰해 보아야 한다. 우리는 학생들이 학교에 오랫동안 머물고, 학교의 환경은 어디나 같으며, 또 학생들이 원하건 원하지 않건 학교에 와 있어야 한다는 점을 인식하여야 한다. 학생들의 학교생활을 깊이 이해하기 위해서는 이들 문제를 좀 더 주의 깊게 연구해야 한다.

어린이들이 학교에서 보내는 시간은 상당히 정확하게 계산될 수 있다. 물론 시간에 대한 심리적인 의미는 시간의 양적(量的)인 계산과는 별도로 고찰되어야 하지만 우선 양적인 문제를 생각해 보자. 하루는 점심시간을 포함하여 6시간이며 아침 9시에 시작하여 오후 3시에 끝난다. 그러므로 학생이 결석을 한 번도 안 한다면 1 년에 약 1 천여 시간을 교사의 감독 하에서 보내게 된다. 유치원과 초등학교 시절을 합치면 이 기간은 약 7천여 시간이 된다.

6년 내지 7년의 어린이 생활에 있어서 7천여 시간이라는 것은 막대한 시간이다. 이것은 이때까지 어린이가 살아온 생애의 약 10분의 1이요, 그가 이때까지 가졌던 수면 시간의 약 3분의 1이다. 잠을 자는 시간과 노는 시간을 제외하고는 어린이의 시간 중에서 학교에 있는 시간만큼 긴 시간은 없다. 잠자는 침대를 제외하고서는 교실보다도 더 시간을 많이 보내는 장소도 없다. 어린이가 여섯 살이 되면 교사들은 그 아이의 아버지나 어머니보다도 아이들과 더 친숙해진다.

아이들이 교실에서 보내는 시간을 우리의 낯익은 다른 활동과 비교해 보자. 교회의 출석 시간은 좋은 비교가 된다. 일요일 예배에 한 번도 빠지지 않고 24년간을 교회에 다녀야 초등학교 6년간과 맞먹게 된다. 한 시간의 일요일 낮 예배에만 출석한다면 1백 50년이 걸린다.

교회 출석과의 비교는 좀 극적이며 과장된 느낌도 있다. 그러나 그렇게 함으로써 무의미한 것처럼 보이는 숫자에서 의미를 발견할 수 있게 된다. 또 가정과 학교를 제외하면 우리의 일생을 통해서 교회만큼 많은 사람이 모이는 장소도 없을 것이다.

어린이들의 학교시간을 교회시간으로 환산(換算)한 데는 또 하나의 이유가 있다. 우리는 학교와 교회라는 두 개의 사회적 기관에서 중요한 유사성을 발견하게 된다. 두 기관의 환경은 안정적이고 습관적이다. 우리가 다음에서 고찰하는 것과 같이 반복이나 말을 많이 해야 하는 것, 의식적(儀式的)인 것 등은 모두 이들 두 기관의 공통적인 특징이다.

교실은 우리가 교회의 강당을 쉽게 알아보는 것과 같이

누구나 쉽게 알아 볼 수 있다. 교실에 들어가는 사람이 교실이라고 생각하지 않고 자기 집 안방이나 식료품상, 또는 기차 정거장에 들어간다고 생각하는 사람은 없을 것이다. 사람들이 활동을 하지 않는 한밤중에 교실에 들어간다 해도 그곳이 무엇을 하는 곳이라는 것을 우리는 곧 안다. 사람이 없다 할지라도 교회는 교회이고, 교실은 교실이다.

그러나 모든 교회가 동일하지 않은 것처럼 모든 교실이 동일한 것은 아니다. 그들 사이에는 때로는 상당히 큰 차이가 있다. 나무 의자와 베니어판 마루가 깔려 있는 초기의 미국식 교실도 있고, 플라스틱 의자와 타일이 마루에 깔려 있는 교외(郊外)의 현대식 학교도 있다. 그러나 서로 비슷한 점도 많다. 교실의 칠판이 검거나 회색이거나 하는 것보다도 학교의 환경이 안정적이냐, 아니냐 하는 것이 학생에게는 더 중요할 것이다.

교실을 집안처럼 만들기 위해서 초등학교 교사들은 교실의 환경정리에 상당한 시간을 보낸다. 게시판이 바뀌고, 새로운 그림이 붙고, 학생의 좌석이 4각형에서 원형으로 바뀐다. 그러나 이러한 것들은 가정의 주부가 가구를 옮기고 커튼의 색깔을 바꾸는 것과 같이 표면적인 변화에 불과하다. 학교의 게시판이 바뀌어 지기는 하지만 없앨 수는 없고, 좌석이 옮겨지지만 여하튼 30여 명의 학생이 한 교실에 있고, 교사의 책상 위에는 새로운 화분이 놓여 지지만 그 옆에는 말려진 지도 · 휴지통 등이 여기저기 흩어져 있는 것은 어디나 마찬가지이다.

교실은 특유한 냄새도 어디나 비슷하다. 학교마다 사용하는 청소용 세척제들은 각각 다르겠지만 그들의 냄새는 어느 건물에서나 마찬가지이다.

학생들과 교사들은 이들 모습과 냄새에 너무 익숙해 있기 때문에 이들을 거의 의식하지 못한다. 오직 지금까지 보지 못했던 이상한 일이 교실에서 일어날 때만 주의를 집중한다. 학생이 저녁에 학교에 온다거나, 여름철에 건물에서 요란한 망치소리가 들리는 경우와 같이 좀 이상한 학교의 모습만이 눈에 확 띄게 되는 것이다. 학교가 교실 이외의 다른 것으로 보일 때에만 나타나는 이 경험은 습관적으로 예민한 사람에게 나타나는 현상이다.

교실의 환경이 자주 바뀌지 않을 뿐만 아니라 그 사회적 맥락(脈絡)도 대개 일정하다. 낡은 뒤쪽 책상에는 언제나 키 큰 학생이 앉고, 칠판 앞에는 낯익은 교사가 선다. 물론 변화도 있다. 전학을 오고가는 학생도 있고, 어떤 때에는 낯모르는 어른이 문간에 서서 인사를 하는 경우도 있다. 그러나 이런 일은 흔하지 않기 때문에 이런 일이 있으면 학생들은 흥분한다. 대부분의 경우는 틀에 얽매어 있다. 학생들은 좌석이 정해져 있어서 언제나 거기에 앉아야 한다. 자리를 정하는 목적은 학생들을 한눈에 보고 곧 알 수 있도록 하기 위해서이다. 좌석지정제가 쉽게 행하여진다는 것은 학생들이 서로 잘 적응하고 있다는 것을 말해 준다.

초등학교 교실의 사회적 분위기에 대해서 또 하나 첨가할 것이 있다. 학교에는 우리 사회의 다른 곳에서는 찾아보기 어려운 사회적 친밀성이 있다. 버스와 극장에는 학교보다 더 많은 사람이 모이지만 사람들은 거기서 일을 하거나 다른 사람들과 서로 사귀려고 하지 않는다. 공장의 노동자들도 교실의 학생만큼 서로 가까이 지내지 않는다. 초등학교 크기의 공장이 3백 명이나 4백 명의 노동자를 가지고 있다고 상상해 보라. 노동조합은 이에 반대할 것이다. 오직 학교에서만 30여 명이 몇 시간씩 문자 그대로 나란히 함께 지낸다. 학교를 한 번 졸업만 하면, 그처럼 많은 사람들과 그처럼 오랫동안 접촉하기가 어려울 것이다. 이 문제는 나중에 학교생활의 사회적 성격을 논할 때에 깊은 관련을 갖게 된다.

끝으로 교실에서 일어나고 있는 의식적이고 반복적인 활동에 주의를 기울여야 할 것이다. 예컨대 하루의 일과는 몇 개의 시간으로 나누어져 시간에 따라서 활동을 한다. 물론 내용은 매 시간 다를 것이므로 이 면에서 보면 변화가 있다. 그러나 화요일에 수학시간 다음에는 국어시간이 있고, 또 교사가 "자! 이제부터 받아쓰기를 해요" 하면 학생들은 하나도 놀라지 않고 따라서 한다. 모든 것을 예측하고 있기 때문이다. 또 교사가 국어책을 손에 들면 그 속에 어떠한 새로운 낱말이 나올지 모르지만 국어책을 가지고 무엇을 할 것인지를 모르는 학생은 하나도 없다.

교과서의 내용은 다양하지만 교실에서 학생들이 할 수 있는 활동의 종류는 많지 않다. 자기 자리에 앉아서 공부를 하거나 집단토론, 교사의 시범(示範), 문답법에 의한 수업 등을 하거나 하는 정도이다. 시청각 교재에 의한 수업 · 시험 · 게임시간 등이 따로 있지만 흔하지는 않다.

대부분의 교실활동은 엄격히 규칙에 따라서 진행되고, 학생들은 이 규칙을 알고 있을 뿐만 아니라 거기에 복종해야 한다. 예컨대 자리에서는 큰소리를 쳐서는 안 되며, 다른 사람이 토론할 때에 방해해서는 안 되고, 시험시간에는 시험지만을 보아야지 한눈을 다른 데에 팔아서는 안 되고,

질문이 있을 때에는 손을 들어야 한다. 초등학교 저학년의 학생들도 이러한 규칙을 이해하고 있어서 교사는 그저 "무슨 소리가 들린다?" "손들어요" 하기만 하면 학생들은 그것이 무슨 소리인지 다 알아듣는다. 모든 교실에는 시간표가 붙어 있어서 다음에 무엇을 해야 할지 곧 알 수 있게 되어 있다.

이렇게 해서 어린 학생들이 아침에 교실에 척 들어서기만 하면 그는 교실의 모든 것에 익숙해 있다. 학교에서는 교실의 비품 · 인간관계 · 주요활동 등이 매일, 매주, 또 매년 거의 고정되어 있는 셈이다. 학교생활에는 다른 생활과 비슷한 점도 있지만 다른 점도 있다. 다른 말로 하면 학생의 세계에는 거기에서만 볼 수 있는 독특한 성격이 있는 것이다. 교회 및 가정이 특수한 것처럼 학교도 특수한 곳이다. 학교와 비슷한 곳을 찾기는 어려울 것이다.

교사와 부모들은 학생이 원하거나 원하지 않거나 학교에 와야 한다는 사실을 공개적으로 이야기하기를 꺼린다. 이 면에서 학교는 타의(他意)에 의해서 들어가야 하는 두 개의 사회적 기관, 즉 감옥 및 정신병원과 공통적인 특징을 가지고 있다고 할 수 있다. 물론 이 비유는 좀 과장된 것이며 감옥이나 정신병원에 수용되어 있는 사람들의 불쾌한 생활을 초등학교 1학년이나 2학년 학생들이 학교에서 겪어야 한다는 것은 아니다. 그러나 학교의 어린이들도 감금된 성인(成人)들과 같이 어느 의미에서는 포로들이다. 그들은 학교의 생활을 피할 수가 없기 때문에 그들의 자연적인 욕구 및 흥미와 학교라는 하나의 기관이 요구하는 제도적인 요구 사이에서 생겨나는 갈등을 해결하기 위하여 적절한 전략을 발전시키지 않을 수 없다. 이들 전략에 대해서는 다음 장에서 설명한다. 다만 여기서 지적하고 싶은 것은 특수한 성격을 가지고 있는 학교라는 환경에서 학생들이 보내고 있는 수천 시간은 궁극적인 의미에서는 그들이 스스로 선택한 것은 아니라는 점이다. 많은 어린이들이 학교에 가는 것을 즐겁게 생각하고 교사와 부모들은 그것을 격려하지만 학교에 오기 싫어하는 학생들을 우리는 강제로 오게 한다. 그리고 학생들은 어른들의 이러한 의도를 잘 알고 있는 것이다.

요약해서, 교실이란 매우 특수한 장소이다. 거기서 일어나는 일들은 다른 데서 일어나는 것과 매우 다르다. 물론 학생의 학교생활과 학교 밖의 생활에 비슷한 점이 전혀 없는 것은 아니다. 교실은 가정 · 교회 · 병원 등과 유사점을 많이 가지고 있다. 교수와 학습이 학교의 중요한 일이기는 하지만 그것만이 학교의 특징은 아니다. 칠판·교사·교과서와 같이 학교에는 독특한 면도 있지만 또 다른 요인들도 있다. 비록 눈에 보이지는 않지만 이러한 보이지 않는 특징들이 학생들에게 미치는 영향은 매우 중요하다.

학교를 잠깐 방문하는 사람은 우리가 지금까지 서술한 학교의 특징에 대해서 감히 생각하지 않는다. 이 문제들을 조금 더 체계 있게 분류해 보자. 학교에는 아무리 어린 아이라고 할지라도 배우지 않으면 안 되는 인생의 세 가지 일, 즉 여러 사람이 모여 있는 인간집단·칭찬, 그리고 권력이 있는 것이다.

교실에서 사는 것을 배운다는 것은 군중 속에서 산다는 것을 배우는 것과 같다. 이 간단한 진리는 이미 서술한 바 있지만 좀 더 설명이 필요하다. 학교에서 하는 모든 일은 남과 함께 하거나 남의 앞에서 하는 일이며, 이것이 학생의 나머지 일생에 중요한 의미를 갖는 것이다.

학교에서 사람이 끊임없이 평가를 당한다는 것도 매우 중요한 일이다. 어린이들은 처음에는 게임의 형식으로 제시된 시험이 시험이라는 것을 모를 수도 있지만 조금만 있으면 학교가 매우 심각한 장소라는 것을 알아차리게 된다. 학교에서 중요한 것은, 어떤 아이가 그곳에서 무엇을 하느냐 하는 것보다도 그 아이가 하는 것을 다른 아이들이 어떻게 생각하느냐 하는 것이다. 학생들이 학교생활에 적응한다는 것은, 자기의 언어와 행동에 대한 다른 사람의 평가에 습관화 된다는 것을 의미하는 것이다.

학교는 또 약자(弱者)와 강자(强者)가 분명히 나누어지는 곳이다. 교사와 학생의 관계를 이런 식으로 생각하는 것은 좀 잔인하지만 대충 보아 넘기기 쉬운 점을 지적하려고 하는 것이다. 교사는 교실에서 일어나는 일에 대해서 책임이 있기 때문에 학생보다도 강력한 권한을 가지고 있다. 학생들은 교사와 학생들 사이에 있는 권위의 차이를 배우지 않으면 안 된다.

학생들의 존재는 이상과 같이 군중의 한 구성원으로써, 칭찬과 비난의 대상으로써, 그리고 제도적인 권위의 대상으로써 현실과 직면하게 된다. 이런 상황에 맞추어 행동하지 않는 학생들은 교사와 집단으로부터 비난을 받을 것이다. 이 문제는 특히 최근에 학생들의 사회적 적응이 강조되면서 더 요구되고 있다. 아래에서 학생들의 이들 세 가지 특징에 대하여 좀 더 자세히 설명한다. 이 토론의 목적은 학교의 특수성에 대한 우리들의 이해를 증가시키기 위해서이며, 주로 학생들이 어떻게 이러한 문제들과 투쟁

하고 있는가를 서술하려고 하는 데에 있다.

2

가르쳐 본 경험이 있는 사람은 누구나 교실이 매우 바쁜 곳이라는 것을 알 것이다. 이것은 초임교사뿐만 아니라 노련한 교사에게도 마찬가지이다. 필자의 한 조사에 의하면 교사들은 하루에 천 번 이상의 인간관계를 갖는다. 여기에 학생들 사이의 복잡한 인간관계가 더 합쳐진다. 창 너머로 교실 안을 들여다보는 방문객에게는 조용한 것처럼 보이는 교실이 실은 벌집 속의 벌의 움직임과 같이 바쁜 것이다. 우리는 교사가 교실 안의 교통질서를 어떻게 유지하는가를 생각함으로써 이 복잡한 인간관계를 어느 정도 이해할 수 있다.

첫째, 교사가 얼마나 빨리 움직이는지 생각해 보라. 왜 교사들은 몇 초 동안에 이 아이 저 아이 사이를 그렇게 빨리 왔다 갔다 하는가? 물론 가르치기 위해서일 것이다. 가르치는 데는 말이 필요하고 교사는 교실의 대화를 조절하는 조정관과 같은 역할을 한다. 수업 중에 학생이 말하고 싶은 것이 있으면 교사는 그것을 알아차리고 학생에게 말하는 기회를 주어야 한다. 두 사람 이상의 학생이 한꺼번에 말하고 싶어 할 때는 교사는 누가 먼저 말하고 누가 나중에 말할 것인가를 결정해야 한다. 말을 바꾸어서 하면 똑같은 것을 똑같은 시간에 이야기하려는 학생이 여러 명 있을 것이므로 누구에게 말을 못하게 할 것인가를 결정해야 하는 것이다. 즉 교사가 갑(甲)이라는 학생에게 발언을 허가하면 같이 손을 들었던 을(乙)이라는 학생은 할 말이 없어진다. 이 때문에 학생들은 자기가 말하고 싶은 것을 되도록 교사에게 먼저 알리려고 한다.

둘째, 초등학교 교사에게 시간이 많이 걸리는 또 하나의 일은 물품관리인(物品管理人)의 역할을 하는 것이다. 교실의 공간과 물건의 수가 제한되어 있으므로 교사는 이들을 잘 분배해야 한다.

셋째, 물건을 학생들에게 분배해 줄 때에는 물건을 받을 자격이 있는 학생에게 특권을 주는 것이다. 초등학교에서 물건을 나누어주는 일과 같이 학생들이 하고 싶어 하는 일을 누가 맡아서 할 것인가를 교사는 결정해야 한다. 대부분의 학급에서는 지원자가 많기 때문에 순번을 정해서 돌아가면서 한다. 교사가 학급의 당번을 정하는 데는 많은 시간이 걸리지도 않고, 또 당번제에 의하여 다수의 학생이 참여한 가운데 교실의 활동이 질서 있게 진행될 수 있다.

넷째, 교실에서 교사가 공식적인 시계의 역할을 하는 것도 중요한 임무의 하나이다. 교사는 수업시간의 시작과 끝을 결정한다. 토론 · 필기 · 국어 · 수학 등을 시간에 맞추어 진행하는 것도 교사이다. 학생이 화장실에서 너무 오래 머물었다거나, 지각을 했다고 야단치는 것도 교사이다. 많은 학교에는 벨을 설치하여 교사를 도와준다. 학교가 종소리에 의하여 기계적으로 운영되어도 교사가 시계를 보는 책임으로부터 완전히 면제되는 것은 아니다. 교사는 시계를 봄으로써 학생이 원하건 원하지 않건 그러한 일을 해야 하는 시간이 되었기 때문에 해야 한다는 것을 시사하는 것이다.

이상에서 서술한 교사의 다양한 일에는 공통적인 내용이 있다. 교사들의 행동은 교실의 집단적인 군중에 대한 반응인 것이다. 가정교사의 경우와 같이 교사가 한 때에 한 학생만을 대상으로 하여 가르친다면 위에서 한 대부분의 일은 불필요해질 것이다. 실제로 교사는 시간과 많은 학생의 숫자 때문에 바빠지는 것이다. 그러나 우리가 궁극적으로 관심을 가지고 있는 것은 학생과 학생의 교실생활의 질(質)인 것이다. 그러므로 교사들이 학생들을 부르고 물건을 분배하는 것은 그것이 학생들에게 어떠한 영향을 미칠 것인가를 중심으로 고찰되어야 한다.

교사들은 시간이나 장소 등 여러 가지 제한 속에서 행동해야 하기 때문에 자연히 학생들의 행동을 억제하게 된다. 만약 모든 학생들이 한꺼번에 말을 하려하고, 무엇인가 서로 하려고 싸운다면 교실은 아수라장이 될 것이다. 또 학생들이 싫증날 때까지 하나의 교과목을 공부할 수 있게 한다면 현재의 교육과정은 많이 수정되어야 할 것이다. 학교의 목적을 달성하고 혼란을 피하기 위해서는 어느 정도의 통제가 필요할 것이다. 교사가 교실 안의 교통경찰관 · 재판관 · 보급품 관리인 · 시계와 같은 역할을 해야 하느냐의 문제는 이 책의 내용과 관계가 없는 것으로 생각할 수도 있을 것이다. 그러나 이러한 것들은 학생의 생활과 깊은 관계를 가지고 있다. 교통신호 · 호루라기, 기타의 규칙이 있는 사회는 이것이 없는 사회와 매우 다를 것이다.

순서를 따라서 행동해야 하는 경우에는 자연히 속도가 늦어진다. 사람이 많은 곳에서는 줄을 서서 앞에 있는 사람의 일이 끝날 때까지 차례를 기다리지 않을 수 없다. 집단이 한꺼번에 움직이는 경우에는 집단의 속도는 집단의 구성원 중에서 속도가 가장 느린 사람을 기준으로 하지 않을 수 없는 것이다. 이런 경우에는 빠른 사람은 느린 사람을 기다리게 된다. 더욱이 미래가 현재보다도 더 좋게 보이는 경우에는 느린 움직임은 더 느리게 보인다.

이처럼 교실에는 일이 지연(遲延)되는 경우가 많다. 교실 생활을 자세히 들여다보면 학생들이 기다리는 데 많은 시간을 보내고 있는 것을 보고 놀랄 것이다. 가장 대표적인 경우가 줄을 서는 것이다. 대부분의 초등학교에서 학생들은 하루에 최소한도 대여섯 번은 줄을 선다. 휴식시간 · 점심시간, 수업이 모두 끝날 때에는 전체 학급의 학생이 줄을 선다. 그리고 교사는 줄을 서 있는 학생들이 잡담을 그치고 질서를 회복할 때까지 움직이지 못하게 세워 두는 경우도 많다.

줄을 서지 않는다고 해서 기다리는 일이 전혀 없는 것도 아니다. 학생들은 자기의 자리에 앉아 있을 때에도 심리적으로 줄을 서 있는 것처럼 기다리는 경우가 많다. 교사들은 가끔 교단에서 학생들의 줄 사이로 내려와 질문을 하기도 하고 숙제를 검사하기도 한다. 이런 경우 학생들은 자기의 차례가 올 때까지 기다리는 것이다. 작은 토론을 할 때에도 자기 차례를 기다리는 일은 있다. 몇 명 안 되는 토론 할 때에도 학생이 한 번 발언하고 나면 교사는 당분간은 여간해서 또 다시 시키지 않는다. 또 한 시간 내내 한 번도 발언하지 않는 학생이 손을 들면 그 시간에 여러 번 손을 들었던 학생보다도 교사는 우선적으로 그에게 발언의 기회를 준다. 그렇지 않으면 그것은 불공정한 것이 된다. 그러므로 이른바 자유토론의 시간에도 눈에 보이지 않는 자기의 차례가 있고, 또 심리적으로는 줄을 서 있는 것이다.

학생들이 자유로이 움직일 수 없는 수업시간에는 교사 자신이 기다리는 학생들 가운데에 서 있게 된다. 그러한 경우에는 교사가 한 학생과 이야기하거나 한 학생의 숙제를 검토하고 있는 도중에 다른 2, 3명의 학생들은 책과 노트를 손에 들고 교사가 그들의 숙제를 검토하고 지시를 내리기 위해서 올 때까지 기다리는 것이다. 그와 동시에 한두 학생은 자리에 앉은 채 손을 들고 교사가 그들에게 가까이 오기를 기다린다.

저학년에서는 흔히 교사가 학급에서 일부분의 학생들과 책 읽는 공부를 하고 나머지의 학생들은 자리에 앉아서 그들 자신이 자습하고 있는 경우가 있다. 자리에서 스스로 자습하는 학생들은 교사가 그들에게 오기 전에 그들이 하도록 되어 있는 공부를 다 끝마쳐 버리는 경우가 많다.

이상과 같이 초등학교의 교실에서 학생들은 여러 가지 면에서 자기의 차례를 기다리면서 시간을 보내야 한다. 학생들이 평균적으로 얼마나 많은 시간을 여기에 보내는지 정확하게 모르지만 상당히 많은 시간이 될 것이다. 그리고 이러한 기다림은 많은 학생들의 숫자 때문에 불가피하게 나타나는 현상이지 학생들의 행동을 억지로 억압하는 것은 아니다. 기다린다는 것은 나쁜 것이 아니며 기다리는 것이 오는 경우에는 이익이 될 수도 있다. 그러나 기다림은 때로는 우리가 잘 경험하는 바와 같이 헛된 것이 되기도 한다.

교실에서 차례를 기다리는 경우에 어떤 욕구는 부득이 충족되지 못하는 경우가 있다. 손을 들어도 교사의 반응이 없고, 질문을 해도 무시당하는 때가 있다. 불가피하게 이러한 일이 일어나는 것을 상상하기는 어렵지 않다. 모든 학생이 발언 할 수 없고, 모든 학생의 욕구가 다 충족될 수는 없다. 그리고 또 이러한 욕구가 거절된다 해도 심리적으로 학생들에게 커다란 의미를 갖는 것은 아니다. 그러나 그러한 거절이 축적될 때는 문제가 생길 수 있다. 그리고 좋든 싫든 학교에서 어떻게 생활하는가를 배운다는 것은 욕구를 포기하는 것을 배우고, 또 욕구를 충족시키기 위해서는 기다려야 한다는 것을 배우는 것을 의미하는 것이다.

여러 가지 형태의 일의 중단은 많은 학생이 교실에 있다는 사실로부터 오는 교실의 세 번째 특징이다. 수업 도중에는 불필요한 발언 · 장난 · 방문객의 방문 등이 수업을 방해한다. 교사가 학생을 개별적으로 지도하고 있을 때에 다른 학생이 교사에게 와서 교사의 개별지도를 중단하는 것은, 예외라고 하기보다는 흔히 있는 일이다. 교사의 계획은 이와 같이 사소한 일로 어긋나기 쉽기 때문에 교사는 다시 구멍 난 계획을 메워야 한다. 학생들은 대개는 이러한 사소한 방해를 무시하거나 또는 사소하게 방해했던 일이 지나가면 다시 공부에 주의를 집중한다.

학교에서는 모든 일이 시간표에 의해서 진행되는데 사실은 이것 때문에 일이 중단된다. 시간표에 의하기 때문에 흥미가 일어나기 전에 공부가 시작되는 경우도 있고, 일어났던 흥미가 끝나기 전에 중단해야 하는 때도 있다. 그러므로 수학공부를 계속하고 싶어도 수학책을 덮고 국어책을 펴야 하는 때가 있다. 교실에서는 일이 끝나기도 전에 중단해야 할 때가 있고, 종소리 때문에 질문에 대답할 수 없는 때도 있다.

이러한 부자연스러운 중단에 대한 대안(代案)이 별로 없는 것도 사실이다. 학생이 모든 일을 끝낼 때까지 교사가 기다려야 한다면 교실생활은 매우 지루할 것이다. 그러므로 부자연스러운 데가 있기는 하지만 시간표에 맞추어서 하던 일을 중단하고 새로운 일을 시작하지 않을 수가 없을 것이다.

학생들은 또 때로는 자기의 주위에 있는 사람들을 무시하도록 강요당하는 것이다. 초등학교에서 흔히 학생들은 자기 좌석에 앉아서 공부에 열중해야 한다. 좌석에 앉아서 공부할 때는 옆에 있는 학생과 이야기를 해서는 안 된다. 학생들은 자기 일만을 열심히 하고 옆에 있는 아이가 좀 가르쳐 달라고 요구해도 들어주지 말아야 한다.

어느 의미에서 학생들은 여러 사람 가운데 있으면서도 고립(孤立)돼 있는 것처럼 행동해야 하는 것이다. 학생들은 친구들이 눈짓과 몸짓으로 불러도 그것을 무시하고 책만을 들여다보아야 한다. 저학년에서는 어린이들이 얼굴을 맞대고 둥글게 앉아 있으면서도 말을 못하게 하는 경우가 많다. 학생들은 학교에서 성공하기 위해서는 군중 속에서 혼자 있는 방법을 배우지 않으면 안 된다. 어른들은 혼자 있게 되는 경우가 많으므로 초등학생들의 생활에서 고독이 갖는 중요성을 잊기 쉽다. 우리는 공장과 사무실에서 사무를 보고, 도서관에서 조용히 지내고, 버스 속같이 복잡한 곳에서도 우리들 자신의 생각을 간직하는 것을 배운다. 교실에서도 그것이 가능할까?

교실과 교실 아닌 곳에는 두 가지의 중요한 차이점이 있다. 첫째, 처음 며칠을 제외하고는 교실은 낯선 사람들이 모였다 헤어지는 특별한 곳은 아니다. 학급 구성원들은 서로 잘 알게 되고 우정을 교환한다. 둘째, 일반적인 사회기관과는 달리 학교의 출석은 강제적이다. 원하건 원하지 않건 등교하고, 또 공부해야 한다. 이 때문에 다른 집단보다는 좀 더 밀접한 인간관계를 갖게 된다.

여기에서 지연 · 거절 · 중단 · 주의산만과 같은 학교생활의 네 가지 특징이 나타나게 된다. 이것은 좁은 교실에 많은 학생들이 하루에 대여섯 시간씩 있는 데서 오는 것이다. 어느 면에서 이들은 불가피하지만 그것이 학생들에게 미치는 영향은 매우 크다. 그러므로 아래에서 학생과 교사들이 이 문제와 어떻게 씨름하고 있으며, 이것이 학생들의 장래에 어떤 영향을 미치는가를 살펴본다.

첫째, 지금까지 서술한 심각한 사태는 어느 정도는 사회적 전통, 학교의 정책, 빈부의 격차 등에서 오는 것이다. 어떤 학교에서는 학교의 일과에 융통성이 있지만 어떤 학교에서는 시간표가 매우 엄격하다. 어떤 학교에서는 교실에서 학생들의 잡담이 전혀 허용되지 않으나 어떤 학교에서는 좀 허용된다. 이러한 차이에도 불구하고 우리에게 낯익지 않은 교실의 모습은 거의 없다. 넓은 공간, 많은 자료, 규칙에 대한 자유로운 태도가 교실의 압력을 어느 정도 완화시킬지 모르지만 전적으로 없앨 수는 없을 것이다. 이 분석도 사실은 진보적이라고 생각되는 교사들이 있는 학교의 상황을 기초로 서술하고 있는 것이다.

둘째, 학교의 제도적인 요구에 응하는 학생 개개인의 전략은 각각 독특하게 다르다는 것을 인식하지 않으면 안 된다. 우리는 학급에서 어떤 학생이 학급의 규칙에 어떤 반응으로 나올지 예측하기는 어렵다. 다만 많은 학생들이 갖는 일반적인 적응력을 알 수 있을 뿐이다.

대부분의 제도가 요구하는 덕목(德目)의 본질은 '인내'라는 단 하나의 단어에 잘 나타나 있다. 인내심이 부족하면 감옥 · 공장 · 회사 · 학교에서 생활하기가 어려워진다. 이 모든 환경에서 참가자들은 '노력하고 기다리는 것'을 배워야 한다. 그들은 또 말없이 참는 것을 배워야 한다. 그들은 매사에 침착할 것, 즉 개인적인 욕망의 만족을 지연시키고, 부정하고, 중단해야 한다.

인내는 적응의 수단이라기보다도 도덕적인 성격을 더 많이 가지고 있다. 인내는 사람이 무엇을 할 것인가라는 '행동'보다는 어떤 사람이 될까라는 '존재'와 더 관련이 있다. 어떤 사람이 인내심을 가지고 있다는 소리를 듣기 위해서 그는 어떤 일을 하는 것보다도 하지 않아야 한다. 인내심이 있는 사람은 하고 싶은 일을 하지 않는 사람이다. 그는 울고 싶고, 불평하고 싶어도 그 충동을 억제하는 사람이다. 이처럼 인내는 본질적으로 충동을 포기하거나 통제하는 것이다.

학교의 이야기로 되돌아가자. 학교는 학생들에게 인내심을 배우도록 요구한다. 이것은 학생들이 적어도 일시적이나마 감정과 행동을 분리시킬 수 있어야 한다는 것을 의미한다. 또 상황이 달라지면 감정과 행동을 다시 재결합할 수 있어야 한다는 것을 의미하기도 한다. 학생들은 자기의 차례를 기다리면서 참는 동안 감정을 억제했다가 일단 자기의 차례가 오면 다시 열심히 참여해서 억압했던 감정을 풀어 놓아야 한다. 학생들은 집단토론 시간에는 말을 참으면서도, 때가 오면 말을 자발적으로 해야 하는 것이다.

이처럼 학교생활에서 요구되는 인내라는 것은 두 개의 서로 대립되는 경향 사이의 매우 불안정한 균형인 것이다. 한편에는 행동하고, 말하고, 줄 앞에 서고 싶고, 하던 일이 중단되었을 때에 화를 내고 싶은 충동이 있고, 다른 편에는 욕구를 포기하고, 토론에 참여하는 것을 중단하고, 줄이 길게 서 있을 때는 물먹는 것을 포기하고 싶은 충동이 있는 것이다.

어떤 학생이 하고 싶은 충동과 그 충동을 포기하는 것 사이에서 적절한 균형을 취할 수 있느냐 없느냐는 그 학생의 개인적인 성격에도 많이 달려 있다. 대부분의 학급에서는 학생들이 참을 수 있는 태도를 갖도록 강요한다. 학생이 새치기를 하면 친구들이 욕을 한다. 학생이 토론에 참석하지 않고 가만히 있으면 교사는 적극적으로 참여하도록 권고한다.

초등학교의 생활에서 학생들이 참고 기다려야 하는 것은 불가피한 사실이다. 거기에는 많은 학생들이 있기 때문이다. 교육과정이나 교육학의 전문가들은 그들의 새로운 교수방법을 실험하려고 할 때에 학생 수가 많은 것을 싫어하지만 어쩔 수 없는 일이다. 학생이 된다는 것은 이처럼 많은 사람들 가운데서 일어나는 문제들을 성공적으로 극복 할 수 있는 방법을 배우는 것이다.

3

모든 어린이들은 학교에 다니기 전에 벌써 성공의 기쁨과 실패의 고통을 경험하지만 그러한 것이 공식적인 것이 되는 것은 학교에 다니면서부터이다. 그때부터 반쯤은 공식적인 그의 기록은 적응이 되어 학생은 학교에서 하는 평가에 적응하는 것을 배워야 한다. 평가는 초등학교 교실에서 또 하나의 중요한 요인을 이룬다.

우리가 잘 아는 것처럼 학생은 학교에서만 그의 능력을 평가받는 것은 아니다. 학생들은 부모와 친구로부터 가정이나 운동장에서도 평가를 받는다. 그러나 교실에서 진행되는 평가의 과정은 다른 곳에서 진행되는 평가와 매우 다르다. 따라서 학교의 평가에는 학생이 적응해야 할 독특한 성격이 있다.

학교의 평가와 학교 이외의 장소에서 진행되는 평가의

중요한 차이점은 학교에서는 평가가 매우 빈번하게 실시된다는 점이다. 군복무 및 특수한 직업과 관련된 경우를 제외하고는 대부분의 사람들은 학교를 졸업하면 거의 시험을 치르지 않는다.

시험은 교육평가의 고전적인 형태이기는 하지만 시험만으로 평가되는 것은 아니다. 저학년에서는 형식적인 시험 이외의 방법으로 평가가 이루어진다. 그러므로 형식적인 시험만으로는 초등학교의 초기부터 진행되는 평가를 충분히 설명할 수 없다. 그 이상의 어떤 것이 있다.

학교의 평가는 매우 복잡하기 때문에 그 역학관계(力學關係)를 충분히 서술하는 것은 매우 어렵다. 평가는 여러 사람에 의하여 이루어지고, 평가가 이루어지는 상태도 여러 가지이며, 긍정적인 평가도 있고, 부정적인 평가도 있다. 이들은 주로 평가의 객관적인 면에 대해서 서술한 것이지만 여기에 평가의 주관적인 면을 생각하면 더 복잡해진다. 다행히 이 토론을 위해서는 주로 객관적인 평가에 대해서만 고찰하려고 한다.

교실에서의 평가는 주로 교사가 한다. 교사는 끊임없이 학생의 공부와 행동을 평가하고, 그 평가에 관해서 학생들과 이야기해야 한다. 초등학교의 교실을 관찰한 사람은 교사가 이를 위해서 많은 시간을 보낸다는 것을 알 것이다. 학생들은 대개 교사의 말을 듣고 옳은 것과 그를 것, 좋은 것과 나쁜 것, 아름다운 것과 추한 것을 알게 된다. 그러나 교사만이 평가를 하는 것은 아니다. 학교의 학생들도 평가에 합세한다. 교사는 "앞 사람이 쓴 것을 누가 고칠 수 있을까?" "뒷사람이 읽은 것을 잘 읽었다고 생각하는 사람은 몇 사람이나 되는가?"라고 물음으로써 학급 전체에게 평가를 부탁할 수도 있다. 또 학생의 실수가 학급의 폭소를 자아내거나 학생의 너무 훌륭한 대답이 학급의 자발적인 갈채를 받는 경우에는 교사가 평가에 개입할 틈도 없이 평가가 이루어진다.

교사와 학급학생들에 이어 세 번째로 자기 판단이라고 하는 매우 서술하기 어려운 평가의 형태가 있다. 이것은 외부적인 판단의 간섭 없이 이루어진다. 어떤 학생이 국어의 받아쓰기를 하나도 못했을 때에 교사가 그의 시험지를 보기 전에 학생은 그가 실패했다는 것을 벌써 안다. 학생이 칠판에 나가서 수학문제를 풀 때에 교사가 아무 말도 하지 않아도 학생은 그의 답이 맞았는지 틀렸는지 알고 있다. 이처럼 학생이 시험문제를 풀거나 수련장의 연습문제를 풀거나, 칠판에서 문제를 풀 때에 그들은 그들이 한 일이 어떠했는지에 대해서 스스로 알게 된다. 학생들의 판단은 반드시 옳지는 않으며 나중에 다시 정정되는 경우도 있지만(옳은 답을 했다고 생각하는 모든 학생이 반드시 옳은 답을 하는 것은 아니다.) 여하튼 평가는 학생 자신에게 영향을 준다.

평가가 이루어지는 상황도 매우 복잡하다. 학생은 자기에 관한 중요한 판단이 자기에게는 전혀 알려지지 않는다는 것을 곧 알게 된다. 이러한 '비밀' 판단은 부모에게 직접 전달되고, 지능검사나 적성검사의 점수와 같은 것은 학교의 교사들만이 검토한다. 동료 학생들이 하는 판단은 가십(gossip)의 형식으로 유포되거나 잡담에 의하여 학교당국의 귀에 들어간다. 학교에 들어와서 얼마 되지 않아 학생은 그에 관한 많은 이야기들이 그의 등 뒤에서 왔다 갔다 한다는 사실을 인정하지 않을 수 없게 된다.

학생에 대한 평가의 공개의 정도는 일정하지가 않다. 다른 학생의 앞에서 공개적으로 평가되는 극단적인 경우도 있다. 특히, 초등학교에서는 학생들은 학급에서 칭찬받기도 하고 야단맞기도 한다. 100점을 받은 시험지나 잘 그린 그림은 학급에 전시된다. 잘못된 행동에 대해서는 비난 · 고립 · 교실에서의 추방 등의 벌이 가해진다. 학년이 시작되어 몇 달이 지나면 '좋은' 학생과 '나쁜' 학생을 누구나 알게 된다.

교사가 학생을 개별적으로 만나서 문제를 비공개적으로 상담하는 경우도 있다. 때로는 교탁으로 학생을 부르기도 하고 때로는 학생들이 자리에 앉아서 공부하는 동안 어느 한 학생에게 다가가서 이야기하기도 한다. 그러나 대개의 경우 학생들은 옆에서 비밀이야기를 엿듣는다. 그러므로 대개는 옆에 가까이 있는 학생이 먼 데 있는 학생보다 교사가 무엇이라고 생각하는지 더 잘 안다. 학생이 제출한 숙제장의 모퉁이에 교사가 몇 마디 간단하게 쓰는 것은 서면평가의 가장 고전적인 형태이다. 학생이 연습문제를 풀지만 점수를 매기지 않는 경우에는 교사는 대개 이런 식으로 몇 마디를 쓴다. 즉 학생들은 개별적으로 평가를 받는 것이다.

논리적으로 보아 교실에서의 평가는 학생들이 교육목적을 얼마나 달성했느냐 만을 보는 것이다. 부모에게 전달되거나 학교에 남는 공식적인 기록에서는 대개 이것만을 평가한다. 그러나 초등학교 교실에서는 적어도 두 가지의 다른 평가가 있다. 하나는 학교의 기대에 대한 학생의 적응이고, 다른 하나는 학생의 특수한 성격에 관한 것이다. 교사와 동료학생들이 미소 짓거나 눈살을 찌푸리거나 하는 것은 교과목에 대한 평가보다도 학생의 행동에 대한 평가에 더 효과적이다. 또 지식이나 기술의 획득여부가 평가의 목적일 때라도 이들과 함께 행동도 동시에 평가되는 것이 보통이다.

모든 학생들이 잘 아는 것과 같이 교사는 가끔 화를 낸다. 또 학생들은 교사가 어떤 경우에 화를 내게 된다는 것도 잘 안다. 사실 교사는 학생들의 성적이 나쁘다고 해서 화를 내는 경우는 매우 드물다. 학생은 국어의 받아쓰기를 잘못했다고 해서 야단맞는 경우는 드물고, 오히려 지각하거나 공부시간에 떠들거나 교사의 지시를 잘 안 듣거나 새치기를 할 때에 야단맞는다. 가끔 학생들은 성적이 저조하다고 해서 교사로부터 야단을 맞기도 하지만 보통은 수업시간에 킬킬거리고 웃는 것을 참는 것이 야단맞는 것을 피하기 위하여 가장 현명한 방법이라는 것을 안다.

교사만이 학생의 행동을 평가하는 것은 아니다. 학생들도 그들의 친구들의 성격에 관해서 평가를 한다. 학생들은 교실에서의 행동 때문에 똑똑하거나, 바보 같거나, 겁쟁이거나, 용감하거나, 담임선생이 특히 보아주는 어린이거나, 정상적인 어린이거나, 거짓말쟁이거나, 공명정대(公明正大)하거나 등으로 소문이 난다. 대부분의 학생들은 그들이 다른 아이들로부터 이런 식으로 판단된다는 것을 알고 있으며, 또 그들 자신들도 다른 아이들을 이런 방법으로 판단한다. 학급에서의 우정과 인기는 이런 평가에 기초하고 있다. 어떤 평가는 평가당하는 본인에게 직접 전달되지만 어떤 평가는 친구를 통해서 간접적으로만 전달된다. 어떤 것은 1급 비밀이어서 가장 가까운 친구에게도 알려주지 못하는 것도 있다.

학생에 대한 교사의 평가는 주로 지적(知的)능력 · 동기 · 학급운영에 대한 협조 등에 관한 것들이 보통이다. 교사들은 간단한 몇 마디로 생활기록부에 기록한다. "열심히 하지만 3학년 수준을 따라가기가 어려움" "행동이 조심스럽고 협동적임" "열심히 하는 노력형임" 등으로 서술하는 것이 보통이다. 심리학에 연구가 깊은 몇 교사들은 좀 더 전문적으로 기록하는 경우도 있다. 공격적인 성격과 수동적인 성격으로 기록하는 것은 이러한 예이다. 교사들은 또 '문제아동' '말썽꾸러기' 등으로 기록하는 경우도 있다.

학생들의 심리적인 건강상태에 관한 이상과 같은 평가는 학생은 물론 부모들에게도 잘 전달되지 않는 것이 보통이다. 그러나 심각하지 않은 경우는 공개되기도 한다. 가령 "○○○는 좋은 학생" "○○○는 선생님의 말을 잘 안 들어요." "○○○는 ○○○ 처럼 좀 잘 해요." 등의 표현으로 학생의 행동이나 심리상태를 학급에서 공개적으로 평가하기도 한다.

평가를 학업성적 · 적응 · 성격 등으로 나누어서 하는 것은 이들이 따로따로 존재한다는 것을 의미하는 것은 아니다. 대부분의 경우에 이들은 동시에 나타난다. 학생이 교사의 질문에 정답을 한 경우에는 정답에 대해서 칭찬을 받는다고만 생각하기 쉽지만 거기에는 그 이상의 문제가 있다. 만약 그 학생이 옆에 있는 학생의 것을 보고 답을 했다는 것이 발견되는 경우에는 그 학생은 칭찬 대신 벌을 받을 것이다. 또 그 학생이 자기의 차례를 기다리지 않고 막 이야기했다면 교사의 태도는 달랐을 것이다. 그러므로 중요한 것은 정답 그 자체보다도 정답이 얻어지는 방법과 과정이라고 하겠다. 말하자면 정당한 방법으로 지적인 능력을 과시할 때에 칭찬을 받는 것이다. 학생들은 어떤 것을 알고, 교사가 하라고 하는 것을 하고, 교사가 말하는 것을 잘 듣고 집단에 대해서 협동적인 태도를 취했을 때에 칭찬을 받는 것이다. 교사의 칭찬은 앞으로 어떤 행동을 하도록 권유하는 의미를 많이 가지고 있다. 이에는 공부뿐만 아니라 공부 이외의 비학문적인 것도 포함된다.

평가는 그 속에 가치의 문제를 포함하고 있다. 모든 평가는 가치에 관해서 서술한다. 어떤 것은 긍정적이고 어떤 것은 부정적이다. 어떤 것은 그 정도가 아주 심하고, 어떤 것은 좀 덜하다. 학급에서는 긍정적인 평가와 부정적인 평가가 모두 학생에게 전달된다. 교사는 칭찬도 하고 야단도 치며, 학생들도 서로 칭찬도 하고 비판도 한다.

미소와 칭찬이 비난과 비판보다 더 많으냐 적으냐 하는 것은 학급의 교사에 따라서 다르다. 어떤 교사는 늘 싱글싱글 웃는가 하면 어떤 교사는 좀처럼 웃지 않는다. 어떤 교사는 학생들의 요청을 쉽게 들어주고, 어떤 교사는 좀처럼 들어주지 않는다. 남녀 성별에 따라서도 차이는 있다. 남학생들은 어려서부터 학교의 규칙을 여학생들보다 더 잘 어기므로 교사로부터 엄한 경고를 늘 듣는다. 이러한 차이가 있기 때문에 어떤 아동에 대한 평가를 정확하게 한다는 것은 매우 어렵다.

교사와 학생들이 동시에 학생의 행동을 평가하기 때문에 서로 모순되는 평가가 있을 수 있다. 교사는 어떤 행동을 칭찬하지만 학생은 그 반대로 평가하는 경우도 있다. 이것이 정상적인 것은 물론 아니지만 가끔 일어난다. 2학년의 무용시간에 교사는 어떤 남자아이가 무용하는 것을 우아하게 잘한다고 칭찬했지만 학급의 친구들은 여자 아이 같다고 놀려 준다. 이 때문에 학생들은 때로는 두 개의 서로 상반(相反)된 평가자들을 동시에 만족시켜야 하는 모순을 갖게 된다. 이러한 모순은 여학생보다 남학생에 더 많을 것이다. 학교에서 교사가 요구하는 청결 · 복종 · 단정함 등은 남자의 이상(理想)보다는 여자와 더 관계있는 것으로 생각할 수 있다.

지금까지 서술한 것으로 보아 교실에서 지내는 것을 배운다는 것은 자기의 공부와 행동이 평가되는 것에 대비하는 것을 배울 뿐만 아니라 다른 사람을 평가하는 데 자기도 참여하는 것을 배운다는 것을 의미하는 것이다. 학생들은 자기 자신의 장단점이 다른 사람에게 노출되는 것에 익숙하게 되어야 할 뿐만 아니라 남의 장단점을 끄집어내는 데도 익숙해져야 한다. 이것은 결국 불가피하게 학생과 학생을 비교해야 한다는 것을 의미하게 된다. 비교는 평가의 매우 복잡한 부분이다.

학생들만이 평가의 불쾌한 점을 극복하려고 노력하는 것은 아니다. 교사와 학교의 행정가들도 평가의 나쁜 점을 개선하려고 노력한다. 오늘날의 교육이론은 성공의 교육적인 장점과 실패의 단점을 강조한다. 즉 현대학교는 보상 지향적(補償指向的)이다. 교사는 좋은 학생을 칭찬하지만 나쁜 학생을 결코 칭찬하지 않는다. 학생이 틀린 답을 했을 때에 한 번 더 해보라고 격려하는 교사는 흔하지 않다. 물론 부정적인 벌이 전혀 없는 것은 아니다. 이런 문제들과 관련해서 오늘날의 학급운영에는 개선해야 할 점이 많다.

교사들은 가혹한 비판을 해야 할 때가 있어도 그것을 학급에서는 나타내려고 하지 않는 경우가 많다. 교사들은 학생들을 방과 후에 조용히 불러서 타이르며, 시험 점수가 보이지 않게 시험지를 배부한다. 평가가 매우 가혹할 때는 학생에게 아예 전달하지 않는 경우도 있다. 심한 정서적 불안정이 의심되는 경우에도 교사는 학생에게 알리지 않는다. 이러한 평가는 대개 학교당국의 1급 비밀에 속한다.

긍정적인 평가를 전달하는 학교의 방법은 부정적인 평가를 전달하는 방법보다도 다양하다. 되도록이면 학생을 많이 칭찬하려고 하지만 교사가 칭찬할 때는 공정하고 민주적인 방법으로 하려고 노력한다. 교사는 정확한 대답과 완전한 시험답안지를 칭찬해야 하지만, 좀 못한 학생들을 격려하기 위해서 우수한 학생들을 못 본 체 지나가는 경우도 있다. 교사들은 어떤 학생을 지나치게 칭찬하면 그 학생이 교실에서 '교사가 봐 주는 학생' 또는 '공부밖에 모르는 학생'으로 생각되어 친구들로부터 소외되는 것을 두려워한다.

학생들이 평가에 익숙하게 되려면 세 가지 일을 해야 한다. 첫째, 그는 칭찬받을 만한 일을 많이 하고 벌 받을 일을 되도록 적게 해야 한다. 다른 말로 하자면 학생들은 학급의 보상체제를 그에게 유리하게 이용해야 한다. 둘째, 칭찬은 되도록 널리 알리고 벌은 되도록 감추어야 한다. 물론 모든 학생들이 이렇게 한다는 것은 아니지만 어떤 학생들은 좋은 시험지는 집에 가져가면서 나쁜 시험지는 없애 버린다. 셋째, 어떤 학생들은 교사와 친구들로부터 모두 인정을 받으려고 노력한다. 그러나 교사로부터 칭찬도 받고 친구들로부터 인정도 받는 것은 매우 어려운 문제이다.

대부분의 학생들은 착실한 학생이 상(償)을 받는다는 것을 알게 된다. 착실한 학생이라는 것은 사실은 학교에서 교사의 말을 잘 듣는 학생이다. 교사가 시키는 일은 때로는 하기 어려운 것들도 있지만 대개의 경우 대부분의 학생들이 괜찮다고 생각되는 일들이고, 그대로 하면 벌보다는 칭찬을 많이 받는다.

매우 드물기는 하지만 때로는 학생들이 전략적으로 교사의 지시에 따르는 척하는 경우가 있다. 이러한 행동은 '부정행위'라는 낙인을 받으면서 발견되는 경우에는 엄중한 처벌을 받는다. 교실에서 작은 일로 교사를 속이는 것을 부정행위자로 취급하는 것은 좀 심한 일이며, 시험 볼 때에 부정행위를 하는 학생들과 같이 취급해서는 안 될 것이다. 교실에서 교사에게 혼나는 일도 교실이 아닌 다른 곳에서 하면 아무렇지도 않을 경우가 많을 것이다.

그러나 왜 시험도중에 남의 시험지를 베낀 학생은 거짓말로 숙제를 해 왔다고 손을 드는 학생보다도 더 나쁜가? 왜 시험시간의 부정행위는 사회생활과의 토론시간에 흥미를 위장시키거나 산수시간에 몰래 만화책을 꺼내서 보는 것보다도 더 나쁘다고 생각되는가? 그 대답은 아마 시험은 학생들의 생활 기록부에 남아서 일생에 중요한 영향을 미치기 때문일 것이다. 이러한 이유가 시험시의 부정행위를 엄하게 취급하는 것을 정당화할지도 모른다. 그러나 남의 답안을 베끼고, 토론 중 관심을 속이고, 교사의 질문에 거짓말로 대답하고, 좋지 않다고 생각되는 행동을 속이는 것 등은 그렇게 중대한 일들은 아니다. 그와 비슷한 일들은 교실에 많이 있다. 사실 우리가 학교를 다닌다고 하는 것은 부분적으로는 우리의 행동을 어떻게 위장하느냐를 배우는 것도 포함되어 있는 것이다.

평가에 대한 학생들의 대응책에 관해서 몇 마디 더 해야 하겠다. 학생들은 때로는 그들이 평가에 아무 관심도 없는 것처럼 무시해 버리는 때가 있다. 시험 준비를 열심히 하거나 부정행위를 하는 대신 시험을 무시해 버리는 방법을 택한 학생은 '냉정함'을 배운 학생이다. 그는 성공했다고 우쭐대지도 않고 실패했다고 실망하지도 않는다. 이런 학생들은 최소한의 규칙을 지키면서 말썽을 피하려고 하는 원칙을 마음속에 가지고 있는 것이다.

학교생활에 학생이 감정적으로 냉정하려고 하는 것은 좋은 현상은 아니다. 감정적인 불개입은 현실을 필요 이상으로 냉정하게 보는 것이다. 학생들은 야구선수들의 사진을 모으고, 병석에 누워 있는 친구를 방문할 것을 결정할 때에 자연스러운 것과 같이 학교 일에서 냉정하려고 할 때에 자연스럽지는 못할 것이다. 거기에는 학생들 자신도 잘 알지 못하는 필연적인 이유가 있다. 이 문제는 다음 장에서 다시 논의하겠다. 또 이 문제는 감정적인 불개

입이다 또는 아니다와 그렇다 등의 두 가지로 확실히 나눌 수 있는 문제도 아니다. 학생들은 모두 교실에서 일어나는 여러 가지 일로부터 자신을 보호하려는 심리적인 완충지대(緩衝地帶)를 형성하려고 한다. 교실에 있어 본 사람은 누구나 몇 학생들이 고립되어 있다는 것을 발견하게 될 것이다.

평가의 제목에서 다른 제목으로 넘어 가기 전에 '외부적' 동기와 '내부적' 동기에 관해서 언급해야 하겠다. 외부적 동기는 좋은 성적이나 교사의 칭찬을 받기 위해서 열심히 공부하는 것이고, 내부적 동기는 공부 그 자체가 재미있어서 열심히 하는 것이다. 학생들이 교실을 떠난 뒤에도 공부를 계속하기를 원한다면 우리는 점수의 의미와 외부적인 칭찬을 점점 줄이고, 학생들이 학습활동 그 자체에서 만족을 느낄 수 있도록 해야 할 것이다. 피아노를 배우는 어린이의 예가 여기에 적당하다. 피아노 연습이 처음 시작될 때는 아마 외부적인 칭찬과 벌로 연습이 계속될 것이다. 그러나 시간이 좀 지나면 학생들은 피아노 치는 기술 그 자체의 진보에서 즐거움을 발견하고 피아노 연습을 계속하게 된다.

그러나 피아노 연습에서는 볼 수 없는 복잡성이 교실의

평가에 있다. 학생이 국어나 산수의 숙제를 잘했을 때에 칭찬하기만 하면 된다면 교실에서의 교사와 학생의 생활은 매우 간단할 것이다. 그러나 현실은 그보다는 훨씬 더 복잡하다.

내부적 동기의 이론은 학문적인 지식이나 기술 이외의 인간의 행동에 적용될 때에는 맥이 빠져 버린다. 인간이 외부적인 사회제도의 규칙에 따라야 한다는 것을 내부적인 동기의 이론으로 어떻게 설명할 수 있을 것인가? 학생들이 교실에서 떠들고 싶으나 조용히 해야 한다고 교사가 말할 때에 그는 어떤 내부적 동기에 호소해야 하는가? 교사는 덮어놓고 조용히 하라고 하기보다 조용히 해야 하는 이론적 이유를 가지고 학생에게 호소할 것이다. 그러나 학생들은 자연적으로 나오는 말을 억압해야 하는 만족스러운 이유를 스스로 발견하기가 매우 어려울 것이다. 이와 비슷한 일은 교실에서 일어나는 다른 일에도 모두 적용될 것이다. 그러므로 교실의 활동을 학생들이 천성적(天性的)으로 만족스럽게 생각하도록 하려는 목적은 매우 제한된 몇 개의 어린이의 행동을 제외하고는 거의 불가능한 것이다.

4

학생들이 익숙해져야 할 교실의 세 번째 특징은 불평등한 권력관계에 관한 것이다. 교사와 학생 사이의 권위의 차이는 평가와도 관계가 있다. 여기에는 칭찬이나 비판 이상의 문제가 있다. 이 차이는 교실의 사회적 구조의 가장 현저한 모습이며 결과적으로 교실에서의 자유 · 특권 · 책임과 관계되어 있다. 어렸을 때부터 아이들이 배워야 할 것 중의 하나는 어떻게 다른 사람의 뜻에 응하느냐는 것이다. 어린이가 세상이 어떻다는 것을 알게 되자마자, 그는 성인들의 권위라는 것을 의식하게 된다. 어린이가 가정에서 학교로 옮겨가게 되자 부모의 권위는 우리들의 일생에서 두 번째로 중요한 교사들의 통제로 옮겨간다. 그러나 부모의 권위는 학교에서의 교사의 권위와 다르며, 교실이라는 아동들의 생활환경을 이해하기 위해서는 이 차이를 이해하여야 한다.

부모와 자녀 사이는 접촉이 친밀하다는 점과 접촉기간이 길다는 점에서 교사와 학생 사이와는 매우 다르다. 부모와 자녀 사이의 정서적 관계는 교사와 학생 사이의 것보다도 강하고, 또 오래 간다. 이것은 학생이 그들의 교사를 가깝게 느끼지 않는다는 의미는 결코 아니다. 우리는 어린이와 교사와의 관계가 그 어린이와 부모와의 관계와 서로 경쟁하게 되는 경우가 있다는 것을 안다. 우리는 또 어떤 학생들은 교사를 개인적으로 매우 좋아한다는 것도 안다. 그러나 학교의 지배적인 분위기는 가정의 분위기보다도 냉정하다.

학교의 분위기가 가정과 비교하여 친밀성이 덜하다는 것은 참가자들의 감정의 느낌 및 참여자들의 참여의 범위와 관계가 있다. 가정의 구성원들은 육체적으로나 심리적으로나 서로 잘 알지만 학교에서는 그렇지 못하다. 또 가족은 어렸을 때부터 오랜 시간을 같이 지내오지만 다른 집단에서는 이런 현상을 찾아보기 어렵다. 결과적으로 부모와 자녀는 교사와 학생이 갖는 것보다도 더 가까운 친밀성을 갖는다.

교사가 학생에 대해서 갖는 권위는 그들의 사이가 비교적 냉정한 데서 오는 것이다. 학생들은 이러한 관계를 통해서 잘 모르고, 친밀하지 않은 사람으로부터 명령과 지시를 받는 것을 배운다. 어린이의 생애에서 처음으로 비교적 낯선 사람이 어린이에게 권력을 휘두르는 곳이 학교인 것이다.

부모의 권위와 교사의 권위가 서로 다른 중요한 차이점은 권력이 사용되는 목적과 관계되어 있다. 부모들의 관심은 대개 어떠한 일을 못하게 하는 것이다. 취학 전의 부모의 권위는 주로 "하지 말아라" "안 된다"하는 것으로 특징져진다. 그러한 권위의 주요한 목적은 어린이의 자연적인 충동과 자발적인 홍미를 제한하려는 것이다. 특히 어린이의 충동이 그들을 위험하게 하거나 부모가 소중하다고 생각하는 것을 깨뜨리려고 하는 경우에 그렇다. 어린이들을 가두어 두는 상자 우리는 어린이들이 살면서 배워야 하는 권위의 상징을 잘 표현해 준다. 이 괴상한 어린이 양육의 기구는 어린이의 활동에 명확한 한계를 그어 놓는다. 이 한계 안에서는 어린이는 그가 원하는 것을 아무 것이나 할 수 있다.

교사의 권위는 부모의 권위와는 대조적으로 지시하면 금지하게 한다. 교사들은 바람직하지 못한 행동을 학생에게 못하게 할뿐만 아니라 숙제를 하도록 지시를 한다. 말하자면 "하지 말아라"와 마찬가지로 "하라"하는 것이다. 어린이를 가두어 두는 상자우리가 부모의 권위를 나타내는 상징인 것처럼 교실의 책상은 교사의 권위를 나타내는 상징이다. 책상은 활동의 한계를 나타낼 뿐만 아니라 행동을 해도 좋은 범위를 나타낸다. 책상에 앉으면 학생은 어떤 일을 해야 한다. 그러나 무슨 일을 해야 할지는 교사의 지시를 들어보아야 안다.

교사의 권위 중에서 중요한 것은 학생들이 주의를 집중하도록 명령하는 것이다. 교실에 있는 동안 학생들은 어떤 일에 주의를 집중해야 하며 교사는 학생들이 주의를 집중하도록 하기 위해서 많은 시간을 보낸다. 어린이들은 집에서는 어떤 일은 하다가도 중단하는 것을 배워야 하고, 학교에서는 쳐다보고, 귀를 기울이는 것을 배워야 한다.

교사의 권위는 학생들의 희망을 교사가 원하는 방향으로 바꿀 수도 있다. 학생들이 교사로부터 어떤 일을 하도록 지시를 받을 때에는, 실은 학생들 자신의 계획을 포기하고 교사의 계획을 대신 받아들이는 것을 의미하는 것이다. 교사의 계획과 학생의 계획이 비슷하여 양립(兩立)하는 경우도 있지만 이들이 서로 다른 경우에는 학생들은 그들의 계획을 포기해야 한다. 이 때문에 학생들이 교실에 적응하는 데는 어려움이 발생하게 된다. 말하자면 학생들은 그들 자신의 계획을 실천한다고 하기보다도 교사의 계획을 실천한다고 생각하면 되는 것이다. 그것이 마음에 들지 않아도 별수 없다.

작업(作業)과 즐기는 것의 구분은 모든 인간에게 중요한 것이며, 대부분의 사람들은 교실에서 개인적으로 매우 의미 있는 방법으로 이 구별을 경험하게 된다. 한 정의(定義)에 의하면 일은 다른 사람이 우리에게 지시한 바에 의하여 목적 있는 활동에 종사하는 것이다. 우리는 이 일이 권위 있는 체제에 의하여 지시되지 않았다면 아마 하지 않을 것이다. 취학 전의 어린이들도 어른들의 일을 흉내 내어 보지만 일의 가장 중요한 부분, 즉 그들에게 어떤 것을 하도록 지시하는 외부적 권위를 경험하지는 않았을 것이다. 교사는 학생들에게 지시하고, 학생들의 활동을 감시함으로써 일이 무엇이라는 것을 학생들에게 알게 해 준다. 교사는 '두목'이라는 이름이 공식적으로 붙어 있지는 않지만 학생들의 최초의 '두목'인 것이다.

일하는 사람은 가끔 일을 그만두고 싶을 때가 많다. 그는 다른 일이 하고 싶지만 두목이 지켜보고, 월급이 필요하고, 또 그의 양심의 소리가 있기 때문에 일을 계속하는 것이다. 때로는 놀고 싶은 유혹에 굴복하여 직장을 하루 쉬거나 또는 아예 그만두고 만다. 휴직할 수 있는 권리는 직장에 따라서 다르지만 직장을 사직할 수 있는 특권은 누구에게나 있다. 일이 마음에 들지 않으면 누구나 도구를 팽개치고 그만둘 수 있다. 그는 직장을 그만둔 것을 나중에 후회할지도 모르지만, 그만두는 결정만은 언제나 할 수 있다.

그러나 어린 학생들의 처지를 생각해 보라. 만약 3학년 학생이 교실에 들어오고 나가는 것을 알리는 종소리에 복종하기를 거부한다면 거기에 대한 응징이 시작될 것이다. 그리고 교사는 비상 신호를 울릴 것이다. 교사가 그의 권위를 이용하는 중요한 장면이다. 이미 지적한 바와 같이 학교는 감옥이나 정신병원과 같은 구속기관과 비슷한 데가 있다. 학생이라는 고객의 한 집단은 강제적으로 갇혀 있고, 교직원이라고 하는 다른 집단의 사람들은 움직일 수 있는 자유와 그 기관을 영원히 그만둘 자유를 가지고 있다. 이런 경우에는 대개 특권적인 집단이 상징적으로건 실질적으로건 출입구를 경계하는 것이 보통이다. 교사들은 이런 표현을 싫어하고 교실이 민주적이라고 항의하겠지만 그들의 책임은 감옥을 지키는 파수병의 책임과 매우 유사한 데가 있다. '진보적'인 감옥에서는 많은 교실에서와 같이 죄수들은 제한된 자유를 가지고 있다. 학교에서나 감옥에서나 그 안에 있는 사람들은 크리스마스 파티를 계획할 수 있지만 울타리 밖으로 '뛰어 나갈' 계획을 세울 수는 없다.

교사와 학생 사이의 권력의 차이는 학교의 정책과 교사의 개인적인 성격에 따라서 다르다. 이른바 전통적인 학교와 진보적인 학교의 차이는 교사의 권위를 어떻게 취급하느냐에 의한 것이다. 어떤 학교에서는 교사가 교실에 들어올 때에 학생들이 일어서야 하는데 어떤 학교에서는 학생들은 교사의 이름을 마구 부른다. 어떤 학교에서는 학생들이 교육과정의 결정에 전혀 참여하지 않는데 비하여 어떤 학교에서는 학생들에게 '의미 있는' 경험을 주기 위해서 학생들도 교육과정의 계획에 참여한다. 그러나 아무리 진보적인 학교에서도 학생들은 교사의 존재와 권위를 의식하고 있다. 1학년 학생들도 담임교사가 결근하면 대리교사(代理教師)가 있어야 한다는 것을 알고 있으나 학생이 결석하면 대리학생이라는 것은 없다.

학생들은 늘 열심히 공부하여 '모범적인 학생'이 됨으로써 교사의 권위에 적응해야 한다고 많은 사람들이 생각한다. 그리고 실제로 대부분의 학생들은 그렇게 한다. 학생들은 교사가 쳐다보라면 쳐다보고, 들으라면 듣는다. 또 수업 중에는 개인적인 공상을 억누른다. 더욱이 학생들은 학교를 졸업하고 직장에서 일을 하게 될 것이므로 권위에 적응하는 기술을 배워야 한다. 학교에서 '착실하게 공부하는 습관'을 기른 아이는 학교를 졸업한 후에 공장이나 사무실에 적응하기가 쉽다.

그러나 모든 학생들이 착실한 일꾼이 되는 것은 아니며 때로는 착실하게 보이는 학생도 겉으로만 그렇게 보이는 경우가 있다. 교실에서 볼 수 있는 것과 같이 불평등한 권력이 존재하는 경우에는 두 가지 종류의 대인관계의 전략이 필요하다. 첫째, 권위를 가진 사람의 특수한 환심을 사는 일이다. 학교와 같이 구속적인 기관에서 생활을 잘 하기 위해서는 일과가 끝난 다음에 권력을 가진 사람에게 접근해서 그들이 호감을 갖도록 하는 일이 필요하다. 이 전략이 극단적으로 발전하게 되면 아첨 · 거짓 칭찬 및 그 이외의 부정직한 일을 하게 된다. '아첨'이라고 불리는 이 극단적인 행동은 대개 냉소와 자기증오의 감정을 수반한다. '협조적'이라거나 '좋은 인상을 주려고 노력하는 것'도 사실은 이런 것에 해당하는 것들이다. 성인사회에서 우리가 가끔 직장의 우두머리를 집에 초대하여 저녁식사를 같이 하는 것은 이러한 전략의 하나이다. 직장의 우두머리를 집에 초대하는 것에 해당하는 교실의 행동은 교사에게 사과를 갖다 주는 전통적인 습관이다.

둘째 번 전략은, 첫 번째 것과는 약간 반대인데 권위를 지닌 사람들이 불쾌하게 생각하리라고 예상되는 언어와 행동을 숨기는 일이다. 좋은 인상을 주기 위해서 노력한다는 것은 나쁜 인상을 주는 것을 피하는 노력을 의미하는 것이다. 마치 어떤 학생들이 교사를 즐겁게 하기 위해서 상당한 시간을 보내는 것과 마찬가지로 어떤 학생들은 말썽을 피우지 않으려고 노력한다. 신분을 구속하는 기관에서 생겨나는 비밀은 권위 구조의 상부에도 있고 하부에도 있다. 학생들이 교사로부터 비밀을 감추려는 것처럼 교사들은 교장으로부터 그들의 비밀을 감춘다. 그러나 이러한 비밀이 모두 권위자들에게 잘 보이도록 하는 노력과 관계되어 있는 것은 아니다. 때로는 학교 몰래 그들이 하고 싶은 것을 계속하기 위해서 일어나는 경우도 있다. 예컨대 교사가 학생에게 그날 아침 빵집에 갔었느냐고 물으면 학생은 "아니요"라고 대답한다. 이것은 교사가 화낼 것이 두려워서가 아니라 그 빵집에 다시 못 가게 될까 보아서 거짓말을 하는 것이다. 교실에서 볼 수 있는 사소한 속임수는 대개 이러한 것들이다.

권력의 억압적인 사용은 우리의 민주주의적인 이상에 위배되는 것이므로 교실에서 그러한 일이 있어서는 안 될 것이다. 복종과 독립의 개념은 가끔 서로 대립되는 경우가 많은데 미국사회(美國社會)에서는 복종보다 독립이 일반적으로 학교에서 더 높이 평가되고 있다. 때로는 학생들이 다른 사람들의 요구에 복종해야 하는 정확한 범위가 불분명한 경우가 있다. 그러나 이러한 문제가 사회적으로 논란이 되는 경우에는 우리는 매우 놀란다.

교실에서 볼 수 있는 복종의 습관은 다른 곳에서 매우 유용한 수단이 된다. 권력구조면에서는 교실은 성인들이 많은 시간을 보내는 공장이나 사무실과 비슷하다. 이 면에서 볼 때에 학교는 인생의 준비기간이다. 그러나 이 뜻은 교육학자들이 말하는 것과는 다르다. 권력은 사회의 어느 곳에서나 마찬가지로 학교에서도 남용되기 쉽지만 그것은 우리가 적응하지 않으면 안 되는 인생의 한 면인 것이다. 이러한 적응과정은 출생 직후부터 시작되는 것이지만 유치원에 들어가면서부터 속도가 빨라진다.

5

이 장의 제목에서 시사하는 것과 같이 인간의 집단 · 칭찬 및 권력은 교실생활의 특유한 잠재적 교육과정을 구성한다. 그리고 학생과 교사는 학교생활을 성공적으로 이끌기 위해서는 이들에 대해서 잘 알고 있어야 한다. 잠재적 교육과정은 교육자들이 전통적으로 많은 관심을 가져 온 학교의 '공식적'인 교육과정과 대조되는 것이다. 두 교육과정은 여러 면에서 서로 중요한 관련을 가지고 있다.

이미 칭찬에 관해서 설명했을 때 말한 바와 같이 학교의 상벌체제는 두 교육과정의 성공과 관계가 있다. 학문적인 성공과 실패에 관련된 것처럼 보이는 상과 벌은 사실은 잠재적 교육과정과 더 밀접하게 관련되어 있다. 학생이 노력하면 점수를 주는 학교의 관습을 생각해 보라. 교사가 학생들에게 공부하라고 하는 것은 무엇을 의미하는가? 이것은 본질적으로 학생이 학교의 절차적인 요구에 응한다는 것을 의미한다. 학생은 숙제를 하고, 수업 중에 손을 들고, 공부시간에 계속해서 책을 보고 있다. 다른 말로 하면 이런 학생은 좋은 학생은 못 되어도 '모범(模範)' 학생이 될 수는 있다.

오늘날 초등학교에서 성적이 나쁘다는 이유로 열심히 노력하는 학생을 낙제시키지는 않는다. 중등학교나 대학에서는 실력 있는 학생이 상을 받기도 하지만 겸손한 학생도 상을 받는다. 졸업식에서 송별사(送別辭)를 읽는 대표학생이나 우등생들은 지적(知的)인 능력도 있었겠지만 학교의 규칙에 잘 복종해서 성공한 것이다. 우리가 공개적으로 말할 것은 못 되지만 졸업식날 교장 앞에서 떨리는 손으로 상을 받는 학생은 적어도 그가 날마다 숙제를 깨끗하게 마쳐서 시간에 늦지 않게 교사에게 제출했을 것이다.

학교의 일에 대해서 이런 식으로 말하는 것은 학교에서 높이 평가되는 청결 · 시간엄수 · 예의바른 행동 등을 비판하는 것처럼 들릴 것이다. 그러나 그런 의도로 하는 것은 아니다. 단지 감옥에서와 같이 학교에서도 좋은 행동이 상을 받는다는 것을 말하려는 것이다.

학교의 요구에 복종하는 사람이 칭찬을 받는 것과 같이 복종하지 않는 사람은 벌을 받는다. 사실상 잠재적 교육과정은 학생의 성공보다도 실패와 더 깊은 관계를 가지고 있다. 교실에서 벌을 받는 학생을 생각해 보라. 교사들은 왜 학생을 야단치는가? 공부를 못한다고? 열심히 했지만 세 자리 수의 어려운 나눗셈을 풀지 못한다고 해서? 대개는 그렇지 않다. 오히려 학생들은 지각을 하거나, 시끄러운 소리를 내고, 교사에게 귀를 기울이지 않고, 줄을 설 때에 새치기를 한다고 야단을 맞는다. 다른 말로 하자면 교사들은 학생의 지적인 저능력 보다도 학교규칙에 대한 위반 때문에 더 화를 내는 것이다.

대개의 경우 학생이 공부에 실패하는 경우에는 그 배후에 잠재적 교육과정의 문제가 있다. 자녀의 수학성적이 나쁘다고 해서 부모가 학교에 불려왔을 때에 무엇이라고 변명하는가? 대개의 경우 머리가 나쁘다고 하기보다 동기가 부족해서 그렇다고 할 것이다. 특히 수학에 취미가 없다고 할 것이다. 이것이 무엇을 의미하는가? 본질적으로 그가 공부하려고 노력하지 않는다는 것을 의미한다. 이 노력의 부족 때문에 그는 학교의 요구에 응하지 못하는 것이다. 그것은 바로 잠재적 교육과정에서 실패하는 것이다.

교사들은 실제로 잘 모르면서도 시험을 잘 치는 학생을 '시험 복이 있는 학생'이라고 한다. 이와 마찬가지로 학생이 교실의 공식적 및 비공식적 교육과정에 최소의 고통으로 적응할 수 있다면 우리는 그러한 학생을 '학교 복이 있는 학생' 또는 '선생 복이 있는 학생'이라고 할 수 있을 것이다. 학교도 시험문제와 마찬가지로 학생들이 따라야 할 규칙과 전통을 가지고 있다. 그러나 시험에서와 같이 모든 학생이 다 똑같이 학교에 재치 있게 적응하거나 학교의 규칙을 빨리 이해하는 것은 아니다.

학교에 두 가지의 교육과정이 있다고 말할 때에 이들이 서로 조화적(調和的)인가 아니면 서로 모순적(矛盾的)인가라는 질문을 갖게 된다. 즉 말하자면 학생에게 지적인 성공을 가져오는 요인과 학교에 성공적으로 적응할 수 있는 요인은 같은 것인가, 또는 다른 것인가 라는 질문을 갖게 된다. 이 질문에 대한 명확한 대답은 없지만 이 문제는 교육학적으로나 심리학적으로나 매우 중요한 문제일 것이다.

학업 면에서나 생활태도 면에서나 학교에서 요구하는 것을 따라가기 위해서는 지능(知能)이 중요한 역할을 할 것이다. 인과관계를 이해하는 어린이의 능력은 교실생활의 규칙이나 화학시간의 기본적인 원칙을 이해하기 위하여서도 필요하다. 유창한 언어는 작문을 지을 때뿐만 아니라 교사의 태도를 '부드럽게'하는 데에도 도움이 된다. 이처럼 교실생활이 합리적일수록 우수한 지능을 가지고 있는 학생에게 유리하다.

그러나 복잡한 환경에 적응하기 위해서는 지능(知能) 이상의 것이 필요하다. 태도 · 가치관 · 생활양식 등도 중요한데 이들을 통틀어 성격이라고 할 수 있다. 지적(知的)인 면에서는 "많을수록 좋다"는 격언이 들어맞지만 성격과 관련해서는 그렇지 않다. 한 장면에 들어맞는 개인의 성격은 다른 장면에서는 맞지 않는 경우가 많다. 어떤 때는 똑같은 환경에서 서로 모순되는 두 가지의 행동을 요구하는 경우도 있다.

우리는 이미 교실생활이 아동들에게 인내를 요구하지만 때로는 이 인내가 포기나 단념을 의미하는 경우도 많다는 것을 고찰하였다. 학생들은 학교에서 교사의 희망 때문에 자기 자신의 욕망을 억누르고 또 공동된 생활 때문에 자기의 행동을 조심하는 것을 배운다. 그를 둘러싸고 있는 규칙 · 규정 및 관례에 따르는 것을 배운다. 그는 사소한 좌절감을 극복하고, 권위를 가지고 있는 사람의 계획과 정책이 비합리적이고 불분명할지라도 그것에 따르는 것을 배운다. 다른 사회적 기관의 구성원들과 마찬가지로 학생들도 "세상이 다 그런 거야"라고 말하는 것을 배운다.

그러나 지적인 능력은 회사원의 특징적인 능력과는 다르다. 학문적인 연구에서 가장 중요한 호기심은 권위에 복종하기 위해서는 별로 필요 없는 능력이다. 호기심이 많은 사람은 새로운 것을 파헤치기를 좋아하지만 이러한 태도는 수동적인 동조자한테서는 볼 수 없다. 학자는 권위에 도전하고 전통의 가치를 의심하는 습관을 길러야 한다. 그는 불분명한 사물을 설명하려고 노력해야 한다. 학자가 되기 위해서는 훈련이 필요하지만 이 훈련은 다른 사람의 희망과 욕구에 응하기 위해서보다도 학문 그 자체의 요구에 봉사하기 위해서 필요한 것이다. 요약해서, 지적인 능력은 공격정신이지 복종정신은 아니다.

이 간단한 설명은 학교가 요구하는 복종과, 학문이 요구하는 연구의 차이를 과장할지 모르지만 이 두 가지 사이에 있는 모순의 가능성을 잘 말해 준다. 이 두 가지 요구는 얼마나 모순되는가? 한 사람이 두 가지 요구를 다 들어줄 수 있을까? 그렇다. 학생회장이나 우등생들이 담임선생이 특히 보아주는 연약한 의지의 학생이거나 공부만 하는 파렴치한은 아닐 것이다. 많은 학생들은 지적으로 깊이 파들어 가면서도 동시에 학교의 규칙을 잘 지킬 수 있는 것이다. 일정한 조건 아래에서는 "순종적인 학자"라고 생각되는 사람을 양성할 수 있을 것이다. 그러나 순종적이라는 말과 학자라는 말은 서로 모순되는 말이다.

불행하게도 아무도 이 두 가지의 균형을 어떻게 유지할지를 잘 모르는 것 같다. 그러나 더 불행한 것은 이 문제를 심각하게 생각하는 학교가 매우 드물다는 사실이다. 이제 학교의 수와 규모가 커지고 많은 사람들이 학교의 영향을 받지 않을 수 없게 되었기 때문에 개인적인 욕구와 사회적인 욕구를 합리적으로 조화할 수 있는 연구를 지금보다도 더 많이 하여야 한다. 학교는 이러한 노력에 공헌할 것이다. 학교는 우리들 모두가 인생에서 통과해야 하는 가족 이외의 최초의 주요한 기관이다. 유치원에서부터 학생들은 진짜의 사회생활이 어떤 것인가를 점점 배워나가는 것이다.

지금까지 우리가 논의한 교실의 여러 가지 일들은 교사와 학생들에게 고통스러운 경우가 많다. 우리가 검토한 바와 같이 이것을 해결하는 방법에도 여러 가지가 있다. 그리고 주요한 적응전략(適應戰略)은 이러한 전략을 채택하는 학생들의 독특한 성격에 따라서 또 다르다. 이처럼 학교에 적응하는 방법은 학생들에 따라서 천태만상이다.

그러나 이렇게 복잡성의 배후에는 또 일정한 공통성이 있다. 학교의 요구와 그에 대한 개인의 적응이 어떠한 것일지라도 모든 것에 공통적인 하나의 전략이 있다. 이것이 심리적인 위축의 전략이다. 심리적으로 위축되면 성공과 실패에 관해서 무관심하게 된다. 학생들의 전략을 이해하기 위해서 교실의 일반적인 분위기를 먼저 고찰할 필요가 있다. 이를 위해 다음에서 학생들이 학교에 대해서 느끼는 감정이 어떠한 것인지 고찰해 보자.

제2장

교실에서의 참여와 위축

비록 교사가 방송국과 같이 활동한다 해도
모든 학생들이 다이얼을 맞출지 의심스럽다.
현실적으로 더 바람직한 일은 교사는
여러 아이들과 이야기하고,
나머지 시간은 어린이들이 마음대로
하고 싶은 것을 하도록 내버려두는 일이다.

- 해리 F 실버맨 -

교실에서의 참여와 위축

학교의 하루는 출석점호로부터 시작된다. 출석점호에는 의식적(儀式的)인 의미와 실제적(實際的)인 의미의 두 가지가 있다. 의식으로서의 출석점호는 집회의 중요성을 인식시키고 동료학생의 출석을 확인함으로써 단결심을 높인다. 실제적인 의미로서의 출석점호는 결석 학생을 파악하려는 것이다.

출석이 강제적으로 되어 있는 곳에서는 실제적인 의미가 의식적인 의미보다 더 중요하다. 학생들이 학교에 계속해서 다니려면 출석해서 자리에 앉아 있어야 한다는 것은 너무나 당연한 것이다. 학생이 없는 빈 교실에서 교사가 수업을 할 수 없다. 그러나 교사와 학생이 얼굴을 맞댄다고 해서 교육목적이 달성되는 것은 아니다. 학생들은 교실에 앉아 있을 뿐만 아니라 눈으로 보고 귀로 들어야 한다. 그들은 교실에서 어떤 일에는 집중해야 하고 어떤 일은 피해야 한다. 그들은 주의(注意)를 집중하라는 명령과 공부를 하라는 명령에 복종해야 한다. 즉 그들은 학급의 일에 참여해야 되는 것이다.

많은 교육학자들은 참여(參與)와 그 반대 현상인 심리적 위축(萎縮)을 별로 중요하게 생각하지 않는다. 그러나 논리적 관점에서 보면 매우 중요하다. 학생들을 학교 일에 열중시키는 것보다 더 중요한 교육목적은 없을 것이다. 모든 다른 목적들은 이 조건이 충족되어야 달성될 수 있을 것이다. 그러나 최근에는 이 당연한 사실이 과거보다도 무시되어 가고 있다. 모리슨(Morrison)은 몇 십 년 전에 고등학교 교육에 관한 그의 유명한 교과서에서 이 문제를 제기하였다.

"어떤 의미에서는 교육의 근본적인 문제는 가치 있다고 생각되는 학습에 학생들을 몰두시키는 일이다."

"교과목이 재미있을 것이라는 근거에 기초해서 학생들에게 지속될 수 있는 응용력을 길러주는 것은 모든 교수와 학습의 근본이 되는 것이다."

모리슨 자신이 분명히 말한 것처럼 '지속적인 응용력'은 교육학적으로 중요하지만 교실에서 학생들에게 요구하는 주의집중의 문제가 더 중요하다. 당연한 것처럼 보이는 이 문제에 대한 연구가 교육현장을 이해하는 데에 도움이 될 것이다. 이 장에서는 이 문제를 생각해 보자.

이 장을 2절로 나눈다. 제1절은 문제의 범위를 서술한다. 주로 학생들이 자리에 앉았을 때에 주의를 집중하느냐 안 하느냐의 문제를 몇 개의 연구를 중심으로 고찰한다. 제2절에서는 학생의 부주의(不注意)와 이를 극복하려는 교사의 협박방법을 주로 취급한다. 또 교실의 일반적인 문제를 처리하기 위한 교사의 전략도 함께 고찰한다.

1

누구나 가르쳐 본 경험이 있는 사람은 학생들이 그에게 주의를 집중하는지 안 하는지에 대해서 궁금하게 생각한 때가 있었을 것이다. 물론 어떤 때는 주의집중여부를 판단하기가 쉽다. 뒤에서 졸고 있는 학생과 교사의 지명을 받기 위해서 반쯤 일어나 손을 흔들고 있는 학생은 그들의 태도가 분명하다. 만약 학급의 모든 학생들이 이와 같은 두 종류의 학생들로 구성되어 있다면 교사는 주의집중 여부를 쉬게 판단할 수 있다. 그러나 실제로는 그렇게 간단하지 않다. 대부분의 학생들은 졸지도 않고, 손을 흔들면서 반쯤 일어나 앉지도 않기 때문에 교사들은 학생들의 행동을 조심스럽게 관찰해야 한다. 교사의 앞에서 물끄러미 쳐다만 보고 앉아 있는 학생을 생각해 보라. 그의 머릿속에는 무슨 생각이 들어 있을까?

공부와 관련된 것을 생각하고 있을까? 창가에서 무엇을 열심히 쓰고 있는 여학생은 어떤가? 교사의 설명을 받아 쓰고 있는가 아니면 뒤에 앉아 있는 남학생에게 보낼 쪽지를 쓰고 있는가? 천장을 쳐다보고 있는 학생은 어떤가? 그는 시간 중에 토론한 것을 요약하고 있는가 아니면 그저 공상하고 있는가? 이것을 알아내기는 참으로 어렵다. 또 때로는 학생들의 모습이 바뀌면서 교사의 판단을 어렵게 한다. 참여와 위축은 영원한 현상이 아니다. 그것은 눈동자와 함께 바뀌어지는 심리적 현상이다. 흐린 눈으로 물끄러미 쳐다보는 학생이 이제는 손을 든다. 무언가 열심히 쓰던 여학생은 이제 창 밖을 내다보고 있다. 그리고 천장을 쳐다보고 있던 학생은 이제 교사를 쳐다보고 있다.

그런 식으로 교실의 만화경은 끊임없이 바뀐다. 어떤 풋내기 교사도 교사가 머리를 채 돌리기 전에 교실의 모습이 바뀌어 진다는 것을 알 수 있다.

학생 행동의 모호성(模糊性)과 불안정성(不安定性) 때문에 교사는 상당한 정력을 소모한다. 교사는 학생들이 자기 일에 집중하고 있는지를 감독하는 일 이외에도 할 일이 많다. 그러나 그는 가르치면서 동시에 모든 학생들의 주의집중 여부를 판단하는 일을 한다는 것은 불가능하다는 것을 곧 알게 된다. 깊은 관찰력을 가지고 있는 교사들도 관찰하면서 가르치기는 어렵다. 학급전체를 쳐다보면서 정신을 차려서 한 학생과 대화를 나누기 위해서는 특별한 기술이 필요하다. 교사가 학급에서 열심히 가르칠 때에 다른 일에는 대개 장님이 된다. 교사는 학생들이 자기 일을 옳게 하고 있는지에 대해서는 오직 부분적으로만 알 수 있을 뿐이다. 학생들의 참여도에 대한 교사의 판단은 정확한 것은 아니다. 따라서 학생들의 참여도를 평가하는 하나의 방법은 외부인사를 교실에 초청하여 학생들을 되도록 정확하게 관찰하게 하는 일이다. 물론, 그러한 관찰자도 학생들의 행동의 모호성 및 불안정성과 씨름해야 할 것이다. 또 그의 모습은 학생들을 열심히 공부하게 하는 하나의 자극이 되기 때문에 더 어려워진다. 그러나 외부관찰자(外部觀察者)는 관찰하는 일과 공부 가르치는 일을 동시에 할 필요는 없기 때문에 두 가지 일을 동시에 하는 사람보다는 좀 더 정확하게 관찰할 수 있을 것이다.

이러한 이유로 몇 가지의 문제점이 있기는 하지만 많은 연구자들이 외부관찰자를 통해서 교실을 관찰하였다. 지금은 학생들을 직접적으로 관찰하는 연구는 많지 않지만 3,40년 전에는 이러한 연구가 매우 유행하였다. 이 연구들을 검토해 봄으로써 우리는 학생들의 교실에서 얼마나 주의를 집중하는가의 문제를 알 수 있게 되지만 그 이외에 극성스럽고 변덕스러운 교육연구의 한 면도 알 수 있게 된다.

시카고 대학교의 교육학 교수였던 모리슨은 학생들의 주의집중 문제를 연구하는 데 열광적이었다. 그는 『중등학교에 있어서 교수의 실제』라는 저서에서 교사의 활동 및 기술을 통제 · 운영 · 행정(行政)의 세 가지로 나누었다. 통제적 기술은 주로 학생들의 주의를 집중시키는 기술인데 모리슨은 이것이 모든 체계적인 교수의 기초가 된다고 하였다. 모리슨은 다음과 같이 말하였다.

"교사의 통제기술과 효과적인 학급운영 사이에는 높은

상관관계가 있다. 주의력이 약한 학급에서 진행되는 수업은 주의력이 강한 학급에서 진행되는 수업보다 훨씬 효과적이지 못하다."

그러므로 모리슨은 가능한 한 정확하게 교실생활의 정보(情報)를 수집하는 것이 교사의 의무라고 하였다.

학생들의 주의집중력을 수량적으로 표현하는 절차는 매우 간단하다. 관찰자는 학생을 바라볼 수 있는 교실의 한 구석에 앉아서 1분에 한 번씩 학생들을 쳐다보고 주의를 집중하지 않고 있는 학생의 숫자를 세어보는 것이다. 이 숫자를 그때마다 노트에 기록하고 이 합계를 학급 학생 수와 관찰했던 분(分)의 수와 곱한 숫자로 나누어서 주의를 집중한 학생의 비율을 계산하는 것이다. 때로는 1분 간격으로 주의를 집중하고 있는 학생들의 비율을 계산하기도 하였다.

모리슨은 학생들의 태도가 모호하여 주의를 집중하고 있는지 안 하고 있는지 구분하기 어려운 경우가 많다는 것을 인정하였으나 관찰자의 경험이 많아지면 이것은 큰 문제가 아니라고 믿었다. 그는 또 관찰자가 학생들을 긴장시킨다는 것도 인정하였다. 이 위험을 피하기 위해서 관찰자는 진짜 관찰을 하기 전에 학급을 몇 번 방문하거나 또는 자리에 앉아서 잠깐 기다리고 학생들의 호기심이 가라앉아 정상적인 상태로 되돌아간 뒤에 관찰을 시작해야 한다고 말했다.

때로는 교사 자신이 한 학생을 1분마다 관찰해서 기록하고 이 기록을 학생들에게 보여주면서 설명할 수도 있다. 모리슨은 그의 경험에 의하면 이러한 절차는 학생의 공부습관을 개선하는 데 큰 효과가 있다고 하였다. 모리슨에 의하면 학생들의 주의집중 정도를 측정하는 기본 이유는 수업을 개선하기 위한 것이다. 이러한 방법은 장학사(獎學士)가 교사의 능력을 평가하기 위한 수단으로 사용되는 것은 아니라고 하였다. 말하자면 진단적인 것이지 평가적인 것은 아니다.

모리슨은 주로 교수방법의 개선에 관심이 있었으므로 대부분의 교실에서 어느 정도로 주의가 집중되고 있는지에 대해서 그가 관찰한 것을 통계적으로 말하지는 않았다,

그는 학생들이 100% 주의를 집중해야 이상적이라고 하였다. 그 목표가 도달되지 못하는 경우는 놀랄 것까지는 없지만 관심을 기울여야 한다고 했다. 집단적인 부주의(不注意)와 주의의 시간은 알 수 있지만 이들이 얼마나 빈번하게 그리고 얼마나 오랫동안 계속되는지에 대해서는 모리

슨의 방법으로서는 알 수 없다. 다행히 이 문제를 간접적으로 연구한 조사가 있다.

모리슨의 책이 나오기 전에 몇 연구자는 주의집중의 교육적 중요성을 검토하기 시작하였다. 이들 중에서 가장 흥미 있는 연구의 하나는 모리슨의 제자인 프렌치가 시카고 대학교 교육과에 석사논문으로 제출한 연구였다.

프렌치는 오클라호마 주 드럼라이트 시에서 교사가 학생들에게 암기를 시켜보는 26개의 교실을 관찰해 보았다. 12개는 중학교 교실이었고 나머지 14개는 초등학교 4학년, 5학년, 6학년 교실이었다. 이 연구의 목적은 학생들의 주의집중을 교사에 대한 교장(校長)의 평가, 교사를 감독하는 평가자의 평가, 그리고 프렌치 자신이 관찰한 평가 등 세 가지를 종합한 종합지수와 비교하는 것이었다.

이 연구의 가장 중요한 보고는 종합지수(綜合指數)로 표현된 교사의 능력과 학급 학생의 주의집중 사이에는 높은 상관관계가 있었다는 것이었다. 이것은 모리슨이 주장한 바와 같이 교사의 통제기술(統制技術)이 교육학적으로 중요하다는 것을 나타내는 것이었다.

학생들이 주의집중을 잘하는 학급의 교사는, 그들의 상관(上官)들이 가장 능력 있는 교사라고 평가하는 교사들이었고, 반대로 주의를 집중하지 않는 학급의 교사들은 무능하다고 평가받은 교사들이었다. 즉 이 연구는 유능한 교사는 학생들의 주의를 집중시킬 수 있다는 간단한 결론을 냈다.

주의집중과 교수능력 사이의 관계 이외에 프렌치의 연구는 몇 가지를 더 보고하였다. 주의집중점수는 저학년보다는 고학년에서 더 높았다. 중학교의 주의집중의 평균치(平均値)는 94이었는데 초등학교에서는 91이었다. 이 자료를 기초로 프렌치는 주의집중점수는 고등학교의 최고학년에서는 너무 높아지고 초등학교의 저학년에서는 너무 낮아져서 교수능률(教授能率)의 지표로 삼기에는 적합하지 않다고 하였다. 그는 주의집중도는 초등학교의 고학년과 중등학교의 저급학년에서 가장 중요한 의미를 갖는다고 하였는데 이들 학급의 주의집중도는 대개 88%내지 95%이었다.

프렌치의 연구는 조심스럽게 고찰해야 하지만 매우 중요한 몇 가지 점을 시사하고 있다. 그중에 하나는 교실의 주의집중도가 상당히 안정적이었다는 것이다. 예컨대, 프렌치는 7명의 유능한 교사들의 학급은 105시간 중에서 6시간만이 90%이하였는데 7명의 무능한 교사들은 이와는 반대로 105시간 중에 오직 19시간만이 90% 이상의 집중도를 유지할 수 있었다. 그리고 그는 무능한 교사가 학생들의 주의를 가장 많이 집중한 것은 유능한 교사가 주의를 가장 집중시키지 못한 때보다도 더 낮았다고 하였다. 그러나 불행히도 프렌치 자신이 교사들을 평가하는 데에 참여함으로서 이 연구의 객관성을 약화시켰다. 그럼에도 불구하고 그의 연구는 주의집중점수의 분포상태와 의미에 관한 연구를 불러일으키는 데 공헌하였다.

또 학생들의 주의집중을 학급학생수의 크기와 관련시킨 연구도 있다. 이 연구의 목적은 2개의 초등학교에서 매주 5명의 학생을 증가시키면서 학생의 숫자가 주의집중에 미치는 영향을 연구하려는 것이었다. 연구자들은 학급 인원이 증가한 학급의 주의집중점수는 다른 일반적인 학급 사이의 주의집중점수와 차이가 있었다고 하였다. 학급인원이 증가한 교실의 한 교사는 주의집중을 90%로 유지했으나 평균적인 교사의 주의 집중도는 81%이었다. 또 이 교실에서 50명으로 학생이 증가하였을 때에도 그는 23명의 학생을 가지고 있을 때와 마찬가지로 주의집중을 유지할 수 있었다. 이 연구는 표집(標集)이 2개 학급이었기 때문에 그 결과를 일반화할 수는 없지만 주의집중은 교사의 능력에 따라서 다르다는 모리슨과 프렌치의 주장을 뒷받침하는 것이었다.

사이몬드는 10명의 중학교 남녀학생을 (5명은 공부 잘 하는 학생, 5명은 공부 못하는 학생) 30시간에 걸쳐 다른 방법으로 관찰하였다. 사이몬드의 연구보고서는 학생들이 얼마나 오랫동안 주의를 집중했는지 말하고 있지 않지만 공부 잘하는 학생들이 공부 못하는 학생들보다 주의를 더 잘 집중한다고는 하지 않았다. 그러나 그는 공부를 잘하는 학생들은 한 가지 일에서 다른 일로 주의를 재빨리 옮길 수 있는 능력을 가지고 있었다고 하였다. 이것이 두 집단의 유일한 차이였다.

모리슨의 책이 출판된 몇 년 후에 주의집중점수를 이용하는 연구가 몇 가지 더 나왔다. 이들은 모리슨의 기술적인 난점을 해결하려고 하였다. 예컨대 블룸은 주의집중점수의 신뢰도를 계산하려고 하였다. 그는 17개의 중학교 2학년 학급에서 주의집중 정도를 관찰하기 위해서 2명의 관찰자를 보내고 그들의 결과를 비교하였다. 두 관찰자의 조사결과는 상당히 일치하였으나 17개 교실의 주의 집중도가 서로 비슷하였다. 주의집중점수의 범위는 90% 내지 98%이었다. 블룸은 주의집중점수를 평가 자료로 삼아서는 안 된다고 하였으나 그는 마지막에 "다른 조건이 동일하다면 주의를 집중할 수 있는 방법은 그렇지 못한 방법보다도 우수하다"고 하였다.

모리슨의 동료이었던 그레이는 주의집중점수를 교사의 감독에 사용하도록 추천하였다. 그는 주의를 집중하지 않는 학생들은 몇 명 되지 않으므로 그들을 기록하는 데는 많은 시간이 필요하지 않다고 하였다. 그도 간접적으로 대부분의 학생들이 주의를 집중하고 있다는 다른 사람들의 연구결과를 인정하였다. 이러한 연구에 자극받아 어떤 교육감은 한 학교의 수학시간을 시찰하고 적절한 계획으로 100% 주의집중을 하는 것은 별로 어려운 일이 아니라고까지 말하였다.

그러나 모든 학자들이 주의집중에 관심을 표명한 것은 아니었다. 바아는 우수한 교사와 열등한 교사에 관한 그의 연구에서 주의집중점수가 신빙성 없다는 이유로 이를 사용하지 않았다. 워시버언의 지도를 받은 한 연구자는 위네카 학교의 개인학습 프로그램과 이웃 고장의 전통적인 프로그램을 비교하기 위하여 모리슨의 연구방법을 이용하였다. 그러나 예상과는 달리 주의집중 정도는 위네카 학교에서는 90%이었는데 전통적인 학교에서는 97.7%

이었다. 위시버언은 개별화된 방법으로 공부하는 아이들보다도 획일적인 방법으로 공부하는 학생이 주의를 더 집중한다고 말하였다. 그러나 교사와 책을 쳐다본다고 하는 것이 과연 실제로 주의를 집중하는가. 라는 의문을 제기하였다. 즉 주의집중을 측정하는 방법의 타당성이 의심되었던 것이다.

모리슨 자신도 주의집중이 겉으로만 이루어질 수 있다는 것을 시인하였으나 이것을 크게 염려하지는 않았다. 모리슨의 방법을 채택하여 연구한 크누드슨은 학생들은 방문객이 있을 때와 없을 때에 주의집중의 정도가 다르기 때문에 주의집중점수는 부정확한 것이라고 하였다. 이러한 부정확성을 인정하면서도 그는 교사의 감독에 주의집중 점수를 이용할 것을 주장하였다. 명백하게 이유를 밝히지는 아니했지만 그는 위장(僞裝)된 주의집중의 현상이 경미하고, 어느 교실에서나 그 정도는 일정할 것으로 생각했던 것 같다.

크누드슨은 교사를 감독하기 위한 수단으로 주의집중 점수가 사용되어야 한다고 주장하면서 주의집중 정도가 80% 이하로 내려가면 교사가 학급을 통제하지 못하는 것이라고 시사하였다. 다시 한 번 요약하건대 대부분의 학생들은 대부분의 시간 동안 주의를 집중하고 있다. 그러나 소수의 학생들은 딴 생각을 하고 있으며, 또 위장된 주의집중과 순수한 주의집중을 분간하기가 어렵기 때문에 이 문제는 그대로 둘 수밖에 없다.

학생들의 주의집중이 유동적(流動的)이라는 것은 모리슨 자신도 인정하였다. 그는 매 1분마다 관찰해야 한다고 했는데, 만약 이대로 한다면 관찰자는 관찰 이외에는 다른 일을 아무 것도 할 수 없다는 것을 의미하는 것이다. 그러면 1분 이상의 간격으로 관찰하는 주의집중과 1분 간격으로 관찰하는 주의집중은 결과가 서로 다를까?

이 문제에 관심이 있는 두 연구자는 78개의 중 · 고등학교 교실을 관찰하였다. 그들은 1분 간격으로 관찰하는 표준방식을 먼저 따르고, 그리고 나서 3분과 5분 간격으로 그들을 다시 나누어 관찰하였다. 그랬더니 3분 간격으로 조사한 것은 1분 간격으로 조사한 것과 비슷하였으나 5분 간격으로 조사한 것은 1분 간격으로 조사한 것과 매우 달랐다. 그러므로 그들은 3분을 넘지 않은 간격으로 조사할 것을 주장하였다.

그들의 연구는 그들이 관찰한 세 가지의 교실의 주의집중률이 모두 평균해서 91%라고 보고했는데 이것은 과거의 연구보고서들이 밝힌 평균적인 주의집중률과 비슷한 것이었다.

평균적인 주의집중률을 계산한 두 개의 연구가 더 있다. 하나는 오하이오 주에서 학생관찰자들이 12학교의 2백여 개 학급에서 150시간을 보내면서 조사한 것이었다. 이 연구에서는 평균적인 주의집중률이 80.6%에서 88.2%이었다. 학급 학생들은 그들 자신들이 보고하고 시범을 보일 때에 가장 주의를 집중하였으나, 토론시간과 실험시간에는 가장 낮게 주의를 집중하였다. 집중률의 범위는 52%에서 100%까지였다.

다른 하나의 연구는 2개의 중학교에서 진행되었다. 한 학교에서는 학생 집단이 지능에 따라서 능력별로 구성되었고, 다른 학교에서는 능력별 집단을 구성하지 않았다. 연구의 목적은 이들 두 학교에서 주의집중률에 어떤 차이가 있는가를 보려는 것이었다. 우등반의 학생들은 열등반의 학생들보다도 주의집중률이 약간 높았으나 통계적으로 의미가 있을 정도의 차이는 아니었다. 주의집중률은 최하가 87% 이었으나 대개 90%를 넘었다.

인디애나 주립사범대학 교수였던 샤논은 주의집중률 점수와 교수의 효율성을 측정하는 연구와 주의집중과 학업성적과의 관계에 관한 두 개의 연구를 통하여 모리슨의 연구를 비판하였다.

연구에서 샤논은 14명의 대학원 학생들로 하여금 교육실습교사(教育實習教師)들을 평가하도록 했다. 평가방법은 교사의 특징을 카드에 적어서 점수로 평가하는 점수카드제, 비공식적인 평가(경험이 있는 교사만이 이 방법을 썼다), 모리슨의 주의집중률 점수의 세 가지 방법이었다. 이상의 세 가지 방법 중 적어도 두 가지 방법으로 1백11명의 교사가 평가되었다. 결과적으로 점수 카드제와 비공식적인 평가방법은 결과가 비슷하였으나 주의집중률 점수는 다른 두 방법의 결과가 매우 달랐다. 이 연구의 결론은 주의집중률 점수는 교수의 등급을 표시하는 방법으로서는 적합하지 않다는 것이었다.

주의집중률과 학업성적에 관한 둘째 번 연구는 중학교 1학년 2개 반, 중학교 2학년 2개 반에서 100명의 학생을 대상으로 실험연구를 한 것이었다. 이 4개 반에서 교사들이 낙하산의 낙하에 대한 문장(文章)을 10분간 학생들에게 읽어 주는 동안에 3명의 관찰자가 학급에 들어가서 매 1분 간격으로 학생들의 주의집중상태를 조사하였다. 읽은 것이 끝났을 때에 그와 관련된 시험문제를 학생들에게 주었다.

주의집중점수와 성적과의 상관계수는 남학생인 경우 .67이었고 여학생인 경우 .34이었다. 그러나 주의집중점수의 분포상태와 시험지 신뢰도가 알려지지 않아 이 자료를 해석하는 데는 어려움이 있다. 샤논은 상관계수에 중요한 의미를 부여하는 대신에 낙하산에 관한 문장을 읽는 동안 주의를 집중하지 않은 학생들(남학생 9명, 여학생 28명)의 성적이 높았다고 하였다. 샤논은 이 연구의 결론으로서 주의집중률 측정의 타당성을 의심해야 할 증거가 있지만 모리슨은 이것을 인정하지 않았다고 하였다.

모리슨이 샤논의 연구를 어떻게 생각했는지 오늘날 알 길이 없다. 그러나 어찌 되었건 샤논의 '낙하산' 연구를 마지막으로 교실에서의 주의집중에 관한 연구는 학술지에서 자취를 감추고 말았다. 역사적 관점에서 볼 때에 왜 그렇게 되었는지 분명하지 않다. 샤논의 연구 때문에 이렇게 되었다고 볼 수도 없을 것이다. 왜냐하면 그 당시의 연구수준으로 보아도 이론적으로나 실제적으로나 샤논의 연구와 비판은 대단한 것은 아니었기 때문이다.

진보주의 교육과 민주주의적인 교수방법의 주장 때문에 주의집중이라는 말조차도 환영을 받지 못하게 되었다. 학생들의 주의를 집중시키는 것은 좀 권위주의적인 것이었다. 민주주의적인 방법이 권위주의적인 방법보다도 더 좋다는 생각 때문에 학교에서도 토론식 수업이 강의식 수업보다도 좋고, 따뜻한 사랑과 학생들에 대한 이해심을 가지고 있는 교사가 엄격한 교사보다 좋다고 생각되었다. 위네카 학교의 학생들이 다른 전통적인 학교의 학생들보다도 주의집중률이 낮았다는 워시버언의 연구보고서는 그 당시에는 큰 관심을 끌지 못했지만 하나의 예언자적인 것이었다. 개인학습 · 집단연구 · 학생의 계획 · 버즈학습 · 이동식 책상 등이 한창 유행할 때에 "암송시간의 주의집중…" 운운하는 연구는 좀 이상하게 들렸을 것이다.

둘째 번 이유로 민주주의 교육운동처럼 분명하지는 않았지만 인간사(人間事)를 정적(靜的)인 것으로부터 역동적인 것으로 보려는 심리학의 경향을 생각할 수 있다. 프로이트 심리학의 출현과 함께 나타난 이 경향 때문에 연구자의 관심은 의식에서 무의식적인 과정으로, 명시적(明示的)인 인간의 정신적 질병으로부터 잠재적인 정신적 질환으로, 겉으로 볼 수 있는 인간으로부터 겉으로 볼 수 없는 내면적인 인성(人性)으로 이동하였다. 이것은 관심이 표면으로부터 속으로 깊이 있게 이동한 것이며, 교육에서는 학급의 운영으로부터 학생의 행동을 이해하는 방향으로 옮겨갔다.

이념적인 면에서 이런 변화가 있자 '주의집중'이라는 용어와 모리슨이 했던 초기의 연구가 되살아나지 못하였다. 연구자들은 학생들이 주의해서 교사의 강의를 듣고 있느냐 아니냐 하는 문제보다도 "이 학생은 교실에 앉아서 실제로 지금 무엇을 생각하고 있느냐?"는 문제에 더 관심이 있었다. 다음에서 소개하는 연구들은 시카고 대학교 의 벤자민 블룸 및 그의 두 제자에 의하여 주로 이루어진 것이다.

연구의 주목적인 학생이 교실에 앉았을 때의 사고과정을 측정하는 기술을 발전시키는 것이었다. 블룸이 '자극받은 회상(回想)'이라고 이름을 붙인 이 기술은 학급에서 진행되는 수업을 녹음하고, 그것을 이틀 후에 학생들에게 들려주는 것이었다. 중요한 대목에서는 녹음기를 끄고 수업 당시의 경험을 학생들에게 다시 이야기하게 하였다. 학생들의 이야기가 학급에서 토론되었던 주제와 관련 있느냐 없느냐를 따지고 관련이 없으면 '주의를 집중하지 않는' 학생으로 분류하였다. 이때에 학생들의 외관상의 모습은 따지지 않았다.

블룸이 한 연구의 원래의 목적인 강의시간의 학생들의 사고과정과 토론시간의 학생들의 사고과정을 비교하려는 것이었다. 표본대상은 시카고 대학교의 학부의 3개강의 시간과 29개의 토론시간이었다. 이 연구는 엄격하게 말해서 앞서 설명한 공립학교에서의 주의집중률 연구와 같은 것은 아니지만 겉으로는 주의하는 것처럼 보이면서도 실제로는 부주의하고 있는 위장된 주의의 문제와 관련되어 있기 때문에 여기에 소개하는 것이다.

강의시간에는 학생의 약 64%가 주제와 관련된 이야기를 했다. 그러나 토론시간에는 약 55%이었다. 다른 말로 하면 최소한도 약 3분의 1의 학생들은 공부시간에 딴 생각을 하고 있었던 것이다. 시카고 대학교와 같이 학생과 교수들이 모두 우수한 곳에서도 이 정도인 것이다. 우리는 여기에서 주의를 집중하지 않고 있는 학생의 숫자가 초기에 모리슨과 그의 동료들이 낙관적으로 생각했던 것보다도 훨씬 많다는 것을 알 수 있다. 그러나 이 말은 초기의 연구가 허위였다는 것을 말하는 것은 아니다. 지금도 90% 이상의 학생들은 겉으로 보아서는 그들의 눈동자를 교사와 책에 집중하고 있을 것이다. 그러나 그들이 진짜로 주의를 집중하고 있는지는 알 길이 없다. 이러한 위장된 주의집중의 오류에도 불구하고 주의집중률과 학업성적 사이에 상관관계가 있었는데 만약 측정이 더 정확해질 수 있다면 이 상관관계는 훨씬 더 높아질 것이다.

블룸의 연구를 약간 수정하면서 사고(思考)와 성적과의 관계를 조사한 최근의 연구가 두 개 있다. 시겔의 첫 번째 연구는 사고의 적합성과 그에 관련된 문제의 시험성적과의 상관계수가 .59(교실 외의 학습의 영향이 통제되었을 때에 .61로 상승하였음)이었다. 크라우쇼프의 둘째 번 연구는 사고의 적합성과 강의 전체를 범위로 한 시험성적과의 상관관계가 .56이라고 하였다. 그리고 그는 실험 기간 중의 사고의 적합성과 일반적인 능력 사이에는 깊은 상관관계가 없다고 하였다.

이 통계숫자를 해석하는 데는 주의가 필요하다. 연구자들은 학생들의 사고를 적합 또는 부적합으로 나누지 않고 적합성의 '정도'를 측정하여 상관계수를 구하였다. 그러나 사고의 적합성을 일반적인 능력과 관련시키지 않고 성적과 관련시킨 것은 이 연구의 독특한 면이었다.

주의집중률에 직접적인 관심을 보이고 모리슨의 방법과 비슷한 방법으로 주의집중률을 관찰한 것과 블룸이 주장한 '자극 받은 회상'의 방법으로 연구한 결과를 비교한 연구가 있다. 두 명의 관찰자가 한 중학교의 9개 영어학급에 일주일에 5회 방문하여 관찰하면서 자료를 수집하였다. 관찰자들은 주의집중률을 직접적으로 관찰하는 이외에 한 시간에 5회 수업을 중단시키고 그때까지의 학생들의 주의의 집중도를 학생들 스스로가 종이에 써서 보고하도록 했다. 학생들의 보고는 '부정적 참여' 또는 '교과 내용과 적합' 등으로 분류되었다. 다시 적합한 사고는 정도에 따라서 '수동적이고 거의 관계없는 사고'로부터 '이해와 높은 차원의 지적 능력을 표시함' 등으로 구분되었다. 그러므로 학생들의 보고서는 적합성 여부의 점수와 적합성 정도의 점수라는 두 가지 점수를 받았다. 이 점수를 관찰자가 직접 관찰한 주의집중률 점수 및 교사가 다시 이들 관찰자들과 함께 조사한 주의집중률 점수와 비교하였다.

9개 학급 중 5개 학급에서 관찰자가 관찰한 주의집중률 점수와 학생들이 써서 낸 부주의 보고서 사이에는 -.52에서 -.70의 부(負)의 상관관계가 있었다. 그러나 오직 2개 학급에서만 관찰자의 판단과 적합한 사고 사이에는 높은 상관관계가 있었다. 이것을 다른 말로 해석하면 관찰자들은 5개의 학급에서 학생들의 부주의를 상당히 정확하게 발견할 수 있었으나 교실의 전면(前面)에서 하는 관찰은 학생들의 사고를 질적인 면에서 적합한지 구분하지 못했다는 것을 의미하는 것이다. 교사의 판단은 외부관찰자의 판단과 비슷하였다. 이러한 연구는 결국 우리에게 주의집중률을 조사하기 위해서는 직접적인 방법에만 의존해서는 안 된다는 것을 말해 주는 것이다.

최근에 4개의 초등학교 6학년 교실에서 관찰의 방법으로 주의집중률을 계산하여 그 결과를 태도 및 성적과 관련시킨 연구가 있다. 이 조사는 각 교실에서 약 9시간을 보내면서 3개월에 걸쳐서 실시되었다. 이 연구의 연구절차는 앞서 소개한 연구와 비슷한데 각 학생은 관찰자에 의하여 주의를 집중했다고 판단된 회수, 주의를 집중하지 않았다고 판단된 회수, 불확실하다고 판단된 회수 등 3가지의 점수를 받았다. 이 점수가 학교에 대한 학생들의 태도를 묻는 2개의 질문지의 점수, 지능검사 점수, 그리고 읽기 · 셈하기 등 4개의 표준화검사 점수와 비교되었다.

두 가지의 중요한 발견이 있었다. 첫째, 학교에 대한 태도와 교실에서의 주의집중 사이에는 거의 관계가 없다는 것이었다. 이 관계를 나타내는 상관계수는 평균해서 .10이었다.

둘째, 교실에서의 주의집중과 지능검사의 성적 및 학업

성적과의 사이에는 .37에서 .53까지의 정(正)의 상관관계가 있었다. 지능의 차이가 통계적으로 통제되었을 때에도 주의집중과 성적 사이의 관계는 없어지지 않았다. 이 연구는 주의집중과 학업성적의 관계를 밝힘으로써 주의집중이라는 것이 교육에서 중요한 것이라는 것을 시사하였다.

주의집중에 관한 연구들을 초기의 모리슨의 연구로부터 최근의 연구까지 체계적으로 검토해서 이제 얻는 결론은 무엇인가? 첫째, 주의를 집중하는 정도와 시간의 길이는 학급과 개인에 따라서 다르지만 대부분의 학생들은 학교에서 대부분 공부에 주의를 집중하고 있다. 둘째, 교실에서 주의를 집중하는 정도는 눈동자의 집중과 반드시 같은 것은 아니다. 초기의 연구자들과 블룸의 연구는 위장된 주의집중의 가능성을 명백히 하였다. 셋째, 주의집중의 정도는 학업성적 · 교사의 능력 등과 상당히 관계가 깊은 것 같다. 주의집중의 정도는 학생의 지능과는 별로 관계가 없을 것이라는 주장도 있다. 이러한 결론은 이 문제에 대한 앞으로의 더 많은 연구가 필요하다는 것을 충분히 시사하고 있다.

지금까지의 경험적 조사의 결과는 우리의 기대에 맞는

것은 아니었지만 교실에서의 주의집중의 문제를 더 연구해야 할 최소한도 두 가지의 이유가 있다. 첫째, 비록 주의를 집중하지 않는 학생도 성적이 나쁘지 않다는 통계적인 보고가 있지만 교사들은 실제로는 주의를 집중하지 않는 학생들을 매우 염려한다. 다음 장에서 고찰하는 바와 같이 교사들은 주의집중의 정도를 수업능률의 정도로 보려고 하는 경향이 있다. 학생들이 주의를 집중하지 않으면 교사의 권위가 없어지기 때문에 교사를 처음 시작하는 사람들은 특히 이 점에 관심을 표명한다.

둘째, 학생들 자신도 주의가 산만한 것을 염려한다. 학교에서 재미를 보지 못하는 학생은 대개 학교생활이 지루하다고 불평한다. 상담실에 상의하러 오는 학생들은 주의집중력이 부족하다는 것을 가장 많이 호소한다. 따라서 대부분의 학생들이 대부분의 공부시간에 주의를 집중해도 주의집중의 문제는 여전히 남는 것이다. 다른 말로 하자면 지금까지의 논의는 교실에서 공상(空想)을 하는 학생들의 숫자를 세어 본 것에 불과한 극히 초보적인 것이었다.

2

약 30여 년 전에 모리슨과 그의 동료들은 학급에서의 주의집중이 중요하다는 것을 옳게 지적하였으나 좀 과장된 면도 없지 않았다. 그들은 100%의 주의집중률을 요구하였으나 그것은 사실상 거의 불가능한 것이다. 몇 가지 이유가 있다.

첫째, 모리슨 자신도 지적한 바와 같이 눈동자를 교사에게 집중한다고 해서 반드시 마음도 집중되어 있는 것은 아니다. 눈동자의 집중과 마음의 집중은 때로는 다를 수 있다. 그러므로 눈동자의 집중에만 관심 있는 교사들은 학생들에게 표면적인 복종을 요구하고 있는 것이다.

둘째, 블룸이 실험한 바와 같이 과거의 기억을 회상시키는 방법으로 조사해 보면 학생들이 학급에서 지적(知的)인 활동을 하는 데는 정도의 차이가 많이 있다. 어떤 때는 학생들은 별로 생각하는 일이 없이 교사의 설명을 녹음기처럼 기록한다. 그러나 어떤 때는 매우 활발한 지적인 활동을 한다. 과거에 들은 것을 단순히 회상하는 경우도 있고 그것의 가치를 따지거나 미래의 유용성을 평가하는 경우도 있다. 직접적으로 주제와 관련되어 있지 않은 이러한 일들을 생각하느라고 교사의 설명을 듣는 것을 잊어버리기도 한다. 그러나 이러한 종류의 부주의는 완전히 딴 것을 생각하는 부주의와는 매우 다르기 때문에 교사는 어떤 때는 그냥 내버려두기도 하며, 어떤 때는 오히려 그것을 격려하기도 한다.

셋째, 주의 집중은 어느 면에서는 교육의 목적과 모순되는 것이기도 하다. 교사는 학생들의 주의를 집중시키는 희극배우는 아니다. 교사는 또 노동자의 작업을 감독하는 감독관과 같은 역할을 하는 것도 아니다. 교사는 학생의 복지(福祉)를 증진시키는 중요한 과제를 가지고 있다. 주의 집중은 이 목적을 달성하기 위한 단순한 수단이며 이차적인 것이다. 만약 교사의 임무가 학생의 눈동자를 책이나 교사에게 집중시키는 것이라면 그런 일은 교사의 참된 임무보다 훨씬 쉬운 일이다. 이러한 일은 농담을 하거나 체벌에 의해서 쉽게 달성 될 수 있다. 문제는 학생들에게 이익이 되리라고 생각되는 활동에 스스로 주의를 집중하도록 하는 일이다. 대부분의 교사들이 알고 있는 바와 같이 이것은 쉬운 일은 아니다.

학생들이 일에 몰두하도록 하기 위해서는 두 가지의 일이 필요하다. 하나는 외부에서 오는 방해들을 제거하면서 적절한 작업조건을 유지하는 일이요, 다른 하나는 학습 내용이 학생들에게 잘 맞도록 적합성을 유지하는 일이다. 첫째 일을 위해서는 교실내의 질서를 유지해야 하고, 둘째 번 일을 위해서는 교육과정을 잘 조직해야 한다. 이 두 가지가 모두 중요하지만 때로는 한 가지만 너무 강조되기도 한다.

학생들은 교사나 책에 집중하다가도 쉽게 딴 생각을 하기가 쉽다. 교사는 이 때문에 상당한 시간을 소비해야 한다. 특히 저학년에서 교사들은 학급내의 질서를 유지하는 데 상당한 정력을 소비하는 것이다.

초등학교의 중급학년이 되면 학생들은 대개 학급의 규칙을 이해하기 때문에 교사가 머리를 흔들거나 손뼉을 치면 그것이 무엇을 의미하는지 곧 안다. 고학년에 올라가면 학생들 스스로가 규칙을 잘 따르기 때문에 규칙 자체가 별로 중요한 것처럼 보이지 않는다. 그러나 이것은 상급 학생들이 규칙을 당연한 것으로 생각하게 되었기 때문이다. 따라서 저학년에서는 이렇게 되기까지에는 규칙이 매우 중요하다.

초등학교 교실에서는 '무질서'를 막는 일이 매우 중요하다. 저학년에서는 무질서는 파괴적이고 공격적인 분위기를 조성한다. 상급학년에서는 학생들은 돌아가는 일들을 좀 못마땅하게 생각할 뿐이다. 특수한 규칙은 학년과 학급에 따라서 다르지만 공통성도 있다. 흔히 볼 수 있는 질서에 관한 규칙은 5가지로 나누어 볼 수 있다. ①누가 교실에 들어가고 나갈 수 있는가? ②얼마나 시끄러운 소리를 낼 수 있는가? ③집단 가운데서 어떻게 개인의 비밀을 유지할 수 있는가? ④주어진 문제를 너무 빨리 끝마쳐 버렸을 때는 무엇을 할 것인가? ⑤교실에서는 예의를 얼마나 지켜야 하는가? 이러한 문제들은 중요한 것들이지만 사람들이 별로 관심을 표시하지 않기 때문에 아래에서 이들을 간단하게 설명해 본다.

누가 교실에 출입하느냐의 문제는 많은 학생들이 교실에 갇히다시피 하여 하루를 보내야 하기 때문에 특히 중요한 문제이다. 학생들이 교실을 나가야 하는 가장 흔한 이유는 화장실에 가기 위해서이다. 그러므로 대개의 초등학교에서 학생들이 교실을 출입할 때에는 일정한 규칙에 따라서 해야지 마음대로 할 수는 없다. 학생들은 일정한 시간에 도착하고 일정한 시간에 출발해야 한다. 교사가 교실의 출입을 제한하는 것은 말할 것도 없이 자기 교실의 질서를 유지하기 위한 것이지만 다른 교실의 수업을 방해하지 않기 위한 뜻도 있다. 또 학생들이 자기의 의무를 다 하도록 하게 하는 데도 의미가 있다.

일반적으로 교실은 조용한 곳이다. 교실을 조용하게 하는 것은 교사의 중요한 의무이기도 하다. 교실을 평화스럽게 유지하는 방법도 교사에 따라서 여러 가지로 다르며, 또 소리가 나는 정도도 교실마다 다르다. 대부분의 교사들은 교실을 조용하게 하기 위해 상당한 고생을 한다.

대개 저학년의 교사들은 신호로써 학생들에게 너무 시끄럽다는 것을 알리면서 짧은 훈계를 한다. 그러나 상급 학년에서는 "또 목소리가 들려!"라는 말을 할 뿐 훈계는 대개 하지 않는다.

교실에서 일어나는 소란을 어떻게 막느냐 하는 것은 초등학교 교실에서 흔히 직면하는 문제이다. 어떤 때는 학생들은 그럴듯한 용무로 일어나서 옆에서 조용히 공부하고 있는 학생에게 말을 걸어 방해하기도 한다. 이런 때는 교사는 대개 "왜 일어났어? 자리에 앉아!"하고 소리치는 것이 보통이다.

학급에서 학생들에게 문제를 풀도록 주면 몇 학생은 대개 먼저 끝낸다. 먼저 끝낸 학생들이 학급에서 소란을 피우게 된다. 아무 것도 '할 일이 없는' 학생들은 다른 학생을 방해하는 것이다. 교사들은 이러한 학생들에게 몇 가지 일을 시키지만 이런 일들은 바쁘기만 하지 이익이 별로 없는 일들이다.

끝으로 학생의 주의를 집중시키는 일에 직접적으로 관계되지 않는 교실의 규칙으로 예의라는 것이 있다. 이것은 학생으로서 공손하고 사려 깊게 말하고 행동해야 한다는 것을 의미하는 것이다. 말할 것이 있을 때는 손을 들어야 하고, 친구가 실수를 해도 수업 중에 웃지 않아야 하고, 밀지 말고 줄을 서는 것 등이다. 이런 규칙을 위반하면 학급의 분위기를 흐리게 한다. 저학년의 교사들은 늘 이것이 학생들의 의무라는 것을 상기시킨다.

이제 초등학교 교실에서 볼 수 있는 규칙들을 몇 개로 묶어서 생각해 보자. 교실의 출입, 시끄러운 소리의 정도, 교실 안에서의 학생들의 이동, 하릴없이 앉아 있는 학생들의 행동, 예의의 문제 등이 교실의 공부분위기를 유지하기 위하여 중요하다. 이 모든 것들을 다루는 교사의 기술이 학급경영(學級經營)이라는 말로 표현한다. 이것은 주의 집중의 문제와 같이 민주주의적인 교실에서는 약간 시대착오적인 면이 없지 않다. 그러나 역시 교사로서 성공하기 위해서는 이 문제를 잘 다루어야 한다. 학급을 잘 '다스리지' 못하는 교사는 그 이외의 모든 것을 다 잘 하지 못하게 된다.

교사를 처음 시작하는 사람들은 특히 학급운영 기술의 중요성을 인식한다. 교사들이 가끔 교실에서 화를 낼 때는 대개 위에서 말한 규칙의 하나가 잘 지켜지지 못했기 때문이다. 많은 교육평론가들이 지적하는 것처럼 학급질서의 유지문제는 교사들이 가장 관심을 갖는 문제이다. 때로는 학생들의 이야기 소리가 공부에 방해되어서가 아니라 침묵 그 자체가 교육적 가치가 있는 것이라고 생각되어 학생들에게 말을 못하게 한다. 지나친 자유가 좋지 않은 것과 같이 이렇게 딱딱한 분위기도 좋지 않다. 질서는 바람직하기는 하지만 지나친 질서는 바람직하지 않다. 교사가 학급의 질서를 유지하고 나면 어떻게 학생들의 주의를 집중할 것인가의 문제에 직면하게 된다. 눈동자가 집중하면 다시 그때부터 학생들의 마음을 어디로 이끌고 갈 것이냐의 문제에 부딪힌다. 즉 질서에서 눈동자의 집중으로, 다시 무엇을 할 것이냐의 문제로 가는 것이다.

학생들을 진실로 교실의 공부에 참여시키기 위해서는 세 가지의 중요한 전략(戰略)이 있는 것 같다. 첫째, 우리의 교육과정을 학생들의 필요와 흥미에 적합하도록 변경시켜야 한다. 둘째, 교과목의 내용에 적합하도록 학생들의 집단을 조직해야 한다. 셋째, 교과목의 내용에 참신성과 유머와 '인간적인 흥미'를 가미하여 무미건조한 활동을 인위적으로 활기 있게 해야 한다. 다행히 이상의 세 가지는 서로 배타적인 것이 아니기 때문에 교사는 그 어느 하나를 선택할 필요는 없다. 세 가지는 한꺼번에 교사의 노력이나 행정가의 지원으로 교실에서 이루어질 수 있다.

교육과정을 학생들의 '자연적'인 흥미와 필요에 맞추는 것을 진보주의 교육학자들이 내세우는 주장의 가장 중요한 기초이다. 이러한 변화가능성(變化可能性)에 대한 신념으로부터 많은 혁신이 생겨났다. 단원계획 · 프로젝트 학습법 · 활동학교 · 학생의 계획참여 등은 그 예들이다. 이러한 것들은 단순하게 학생들의 주의집중을 높이기 위한 방법 이상의 것들이며, 사실상 이러한 방법으로 학생들의 주의 그 자체가 높아졌다는 증거도 별로 없다. 다만 학생들은 그들의 자연적인 흥미에 맞는 활동에 잘 열중한다는 논리적인 호소력은 있다.

교육과정의 내용에 적합하도록 학생들을 조직하는 것도 진보주의자들의 교육이론에 맞는 일이다. 학생들에게 맞도록 교육과정을 고치는 대신 이 방법은 특수한 교육의 내용에 따라서 학생들을 조직하는 것이다. 고등학교나 대학의 선택과목의 경우와 같이 학생들의 흥미에 쫓아서 조직하는 경우도 있고, 능력에 따라서 학급이 편성될 경우도 있다. 그러나 이러한 선택 과목제도나 능력별 학급편성방법은 학생들의 주의집중을 증가시키기 위하여 나타난 것은 아니며 그리고 이렇게 선택되고 조직된 학생들이 주의집중력이 더 높다는 증거도 없다. 다만 적어도 논리적으로는 그래야 할 것이다.

학생들이 잘 아는 것처럼 활동적인 교사도 있고 그렇지 못한 교사도 있으며, 재미있는 수업시간도 있고, 지루한 수업시간도 있다. 이러한 차이는 수업내용에서 오는 것보다도 내용을 취급하는 방법에서 오는 경우가 많다. 어떤 교사들은 재미없는 내용을 재미있게 가르치는가 하면 반대로 재미있는 내용을 재미없게 가르치는 교사도 있다. 수업을 재미있게 하는 방법은 수없이 많이 있지만 그 중 몇 가지는 잘 알려져 있다.

수업을 참신하고 유머러스하게 하는 것이 학생의 주의를 집중하는 데에 공헌한다는 것은 잘 알려져 있지만 여기에 증거 몇 가지를 소개한다. 교사의 개인적인 특징에 관한 라이언즈의 유명한 책은, 관찰자들이 '자주적'이고 '창의적'이라고 판단한 교사들의 학생들은, 관찰자들이 보기에 '무관심'하지 않고 늘 '주의를 집중'하는 학생들이었다고 하였다. 그리고 라이언즈와 그 동료들이 '자주적'이고 '창의적'이라고 평가한 교사의 특징만이 학생들의 행동에 중요한 영향을 주었다.

이상과 같이 학생들의 주의집중률을 높일 수 있는 세 개의 중요한 전략을 소개하는 것으로 그치고, 다시 이 장을 시작할 때에 내세운 문제로 되돌아간다. 우리가 명백하게 본 바와 같이, 중요한 문제는 단순히 학생들의 눈동자를 책이나 교사에 집중시키는 것이 아니라 참된 교육의 과정에 어떻게 학생을 참여시키느냐 하는 문제이다. 이 두 가지는 존 듀이가 지적한 바와 같이 서로 상관관계를 가지고 있으나 같은 것은 아니다.

학교공부에 대한 집착이 강할수록 공부하는 습관은 오래 간다. 그것은 흥미 · 태도 · 가치와 같은 용어에 의해서 표현되는 높은 동기와 연결되어 있다. 다른 말로 하면 학생의 습관 속에 구조적으로 뿌리 박혀 있는 것이다.

이러한 깊은 의미에서의 '참여'는 눈동자의 집중에서 흔히 위장될 수 있는 것과 같이 위장되기는 어렵다. 학생들은 외부적 표현을 위장할 수는 있지만 외부적 표현을 나타나게 하는 내부를 위장할 수는 없다. 다른 말로 하면 학생들은 교사를 속일 수는 있지만 자기 자신을 쉽게 속일 수는 없는 것이다. 이러한 이유로 내부적 참여는 모리슨이 말한 100%의 주의집중률보다도 교육적으로 더 중요한 의미를 가지고 있다. 이러한 관점에서 보면 참여보다도 더 중요한 것이 교실에서 또 있을지 의심스럽다.

학생들이 열중하고 있기만 하면 그 활동은 어떠한 활동이라도 괜찮을까? 적어도 이 문제가 어린이의 활동과 관계되어 있을 때는 "괜찮다"고 대답하는 교육자들이 있다. 예컨대 킬패트릭은 학생들의 참여를 교육의 가치 중에서 너무 중요시해 다른 것은 별로 중요하지 않은 것처럼 느끼게까지 하였다. 그는 다음과 같이 말하였다.

"학생들의 적극적인 참여는 매우 중요하므로 강조되어야 한다. 개인은 결국은 자기 자신이 어떤 활동에 몰두해야 배우게 된다는 것을 알게 될 것이다. 교사는 집단토론이나 선택과목을 통해서 학생들이 가능한 한 학습활동에 열중하게 하도록 해야 한다."

킬패트릭은 재미없는 학습을 인위적으로 재미있게 하는 것을 별로 탐탁지 않게 생각하였다. 그는 다시 다음과 같이 말하고 있다.

"우리가 어떤 것을 가르칠 때에는 먼저 교과내용을 선택하고 다음에 그것을 재미있게 가르치는 방법을 생각해서는 안 된다. 새 교육의 이론은 학생들의 참된 흥미에서 솟아오는 활동을 기초로 교육이 출발해야 한다는 것을 강조한다. 학습에서는 학생들이 직접적으로 활동할 때에 가장 좋은 결과를 가지고 온다. 역설적으로 말해서 교사는 가능한 한 학생들이 혼자서 할 수 있도록 하기 위해서는 학생을 도와주지 말아야 한다."

이상과 같이 학생의 적극적인 참여는 매우 중요하다. 학생을 참여시키는 방법에는 좋은 방법도 있고, 나쁜 방법도 있다. 좋은 방법이라고 해서 모두 선택할 수는 없다. 방법을 선택하는 경우에는 많은 제한이 따른다. 인생의 행복과 교육의 본질을 무엇으로 보느냐는 철학에 의해서도, 방법의 선택은 많은 영향을 받겠지만, 교실의 특수한 사정에 의해서도 많은 영향을 받을 것이다.

교육과정을 학생의 흥미와 필요에 맞추어야 한다는 새 교육의 요구는 학생이 원하건 원하지 않건 교실에 와서 앉아 있어야 한다는 것 때문에 제한을 받는다. 또 학생들의 흥미가 시간에 따라서 변하기 때문에 흥미를 맞추기 어려운 경우도 있다. 예컨대 학생들은 녹음기를 틀어서 듣고 싶지만 그들이 듣고 싶은 시간에 정확하게 들을 수 없는 경우가 많다.

교육과정에 맞추어서 학생들의 집단을 조직하는 일도 학생 숫자가 너무 많기 때문에 잘 되지 않는다. 때때로 교사는 특수한 학습 목적을 위해서 소집단(小集團)으로 학생들을 나누어 지도한다. 그러나 이것은 완전한 의미에서의 개인지도라고 볼 수 없으며 그저 흉내를 낼 정도에 불과하다.

교사가 학생들을 적극적으로 참여시키기 위해서 수업을 재미있게 하는 데에는 한계가 있다.

첫째, 참신성에 한계가 있다. 시간이 가면 새로운 이야기가 낡은 이야기가 된다. 오늘 학생들의 마음을 사로잡은 새로운 이야기는 내일은 낡은 이야기가 되어 버린다. 더욱이 수업의 참신성은 학교의 규칙 때문에 많은 제한을 받는다. 다양성은 교실생활에서 양념과 같은 자극제의 역할을 하지만 양념은 어디까지나 음식의 겉에 바르는 양념이지 음식 그 자체의 본질을 구성하는 것은 아니다.

둘째, 교사가 혹시 지루한 느낌을 없애는 데 능숙하다고 해도, 교사는 그의 첫 임무가 가르치는 것이지 단순히 학생들을 재미있게 해주는 것은 아니기 때문에 거기에도 한계가 있다.

그러면 이상과 같은 이야기는 교실에서의 부주의의 문제에 대해서 결론적으로 우리에게 무엇을 말해 주고 있는가? 네 개의 결론을 시사할 수 있다.

첫째, 교사는 교실에서의 부주의의 문제를 어느 정도 개선할 수는 있지만 이 문제는 앞으로도 계속해서 교육문제로서 남을 것이다.

둘째, 주의집중과 참여는 반드시 같은 것은 아니며, 교사는 이것을 마음속에서 구별할 수 있어야 할 것이다. 교사는 겉으로 볼 수 있는 주의집중을 학생들에게 요구하지만 정말 교사가 이룩하려고 노력해야 할 것은 참여이지 주의집중은 아니다.

셋째, 인간의 잠재능력을 개발하는 데 있어서 참여만으로는 충분하지 못하다. 이것은 사랑만으로 인생의 모든 일이 되지 않는 것과 같다. 학생의 흥미도 중요하지만 흥미만으로 교육목적을 달성할 수 있는 것도 아니다. 이 말은 교사는 학생들의 현재의 활동을 중요시해야 하지만 동시에 미래의 발전도 무시해서는 안 된다는 것을 의미하고 있는 것이다.

넷째, 교실에서의 부주의는 재미없는 수업 내용 그 자체에서도 올 수 있지만 그보다는 "학교에 간다."고 하는 경험 그 자체에서 더 많이 올 수 있는 것이다. 수학시간이나 사회생활과 시간이 지루한 것이 아니라 그저 학교생활이라는 것 자체가 지루한 것이다. 학교라는 곳에서 얻는 경험은 이처럼 복잡하다.

제3장

교사의 관점

다른 일에 있어서와 마찬가지로
교직에서도 당신의 철학이 무엇이냐
하는 것은 그리 중요한 문제가 아니다.
더 중요한 것은 당신이 철학을
가지고 있느냐 없느냐의 문제이다.
그리고 더욱 더 중요한 것은
당신이 당신의 철학에 따라서
생활하느냐 안 하느냐의 문제이다.
내가 가장 싫어하는 사람들은
철학을 입으로만 하는 사람들이다.

- 조오지 폴라(George Pola) -

교사의 관점

대부분의 학교에는 우수하다고 평가되는 교사들이 몇 사람 있으며, 교직(教職)은 이들에 의하여 발전되어 간다. 이들 우수교사들의 업적을 널리 보급하는 것이 중요한 문제이다. 듀이는 다음과 같이 말하였다.

"우수한 교사가 세상에 주는 혜택은 그들 교사가 세상을 떠날 때에 같이 사라져 버리고 말며, 또 직접적으로 접촉을 하는 학생들 이외에는 그 혜택을 받기도 어렵다. 이러한 한계점을 극복할 수 있는 오직 하나의 방법은 천재교사(天才教師)들의 직관적인 행동을 분석하는 방법을 연구하는 일이다."

듀이가 시사한 것과 같이 천재교사들로부터 배울 수 있

는 이상적인 방법은 그들의 행동을 관찰하는 일이다. 관찰은 교사양성교육과 연구에서 매우 중요하다. 그러나 교사의 학급행동을 관찰하는 것은 쉽지 않다. 교사들의 직업태도, 성공과 실패에 따르는 만족과 불만족의 감정, 행동의 배후에 있는 이유 등은 당사자들이 직접 입을 열지 않는 한 거의 알 길이 없다. 그가 말한다 해도 그것이 전부는 아니다. 그는 경험의 일부를 말할 수 있을 뿐이다. 그러므로 교직의 성격을 폭넓게 고찰하지 않을 수 없게 된다. 이 장에서는 50명의 우수한 교사들과 나눈 이야기를 기초로 교직의 이모저모를 검토할까 한다.

천재교사들의 행동을 분석하라는 듀이의 시사는 좋지만 누가 천재교사인가를 결정하는 일은 쉽지 않다. 선택의 기준이 모호하다. 학업성적의 향상과 같은 방법이 하나가 될 수 있지만, 행정적인 상관이 우수하다고 판단한 교사들이 반드시 학업성적을 향상시키는 교사들은 아니다 따라서 모든 항목에서 우수한 교사를 선택하는 방법도 생각할 수 있지만 너무 복잡하고 비용이 많이 든다. 결국 실제적인 방법으로서는 특수한 연구목적을 위해서 가장 중요하다고 생각되는 기준을 하나 정하고, 이 기준에 의해서 산출되는 연구결과를 주의스럽게 해석하는 방법을 택하는 것이 좋다.

이 장에서는 행정관들의 판단을 기초로 우수한 교사가 누구인가를 결정하였다. 우수한 교사에 대한 행정관리들의 의견이 서로 다르고, 또 그들이 학급 안에서 교사들이 하는 행동을 잘 모르는 것은 사실이다. 그러나 명성(名聲)은 전파되기 마련이어서 학생·부모·동료들이 우수교사가 누구인지 대개 알기 시작하고, 학생들의 성적이 세상에 알려지면 행정관들은 특히 우수한 교사나 특히 열등한 교사가 누구인지 대개 알 수 있게 된다. 증거가 불충분한 경우도 상상할 수 있으나 다행히도 실제로는 우수교사를 발견하는 데 큰 문제는 없는 것 같다.

우수한 교사의 선택이 결정되면 다음에는 그들과 무슨 이야기를 나눌 것인지를 결정해야 한다. 우수 교사의 특징은 무엇인가? 무엇이 우수 교사를 만드는가?

먼저, 면담의 일반적인 목적은 우수 교사들이 교실생활을 어떻게 보는가를 알아보려는 데 있었으므로 교수의 중점을 어디에 두는가를 집중적으로 물어보았다. 교사들에게 교실에서 잘 가르친다는 것을 어떻게 아느냐고 물어보았을 때에 그들은 교육의 이념과 실천에 매우 중요한 의미를 갖는 대답을 하였다.

다음 질문은 이 책의 일반적인 방향과 관련된 것으로서 교사의 업무와 학교라는 기관의 관계에 대한 것이었다. 구체적으로는 교사 자신의 권위와 교사의 행정적인 상관(上官)의 권위에 대한 반응을 조사하였다. 특히 다음과 같은 두 가지의 질문이 매우 성과가 있었다. 하나는 최근 몇 년 동안 교사의 업무 취급 방법에 어떤 변화가 있었는가 하였고, 다른 하나는 교사의 업무를 다른 사람이 평가하는 것을 어떻게 생각하느냐고 물어 본 것이었다.

마지막 질문은 교직에 관한 개인적인 만족감을 묻는 것이었다. 이들 질문은 교사들이 단순하게 월급을 받기 위하여 학교에 오지 않는 것으로 가정하고 작성되었다. 교사들의 대답은 이러한 가정이 옳다는 것을 보여 주었으며 어린이들의 학교생활을 유쾌하게 만들 수 있는 많은 의견들을 시사하였다.

이제 표집된 교사들이 어떤 사람들이었는지 말해 보자. 앞에서 지적한 것처럼 한두 명을 제외하고는 교사들을 잘 알고 있는 행정관들이 우수교사들을 선발하였다. 대개 한두 명이 학교에서 우수교사로 추천되었다. 그러므로 이들 교사들은 행정적인 상관들이 볼 때는 근무성적이 상위의 5~10%에 속한다고 생각되는 사람들이었다. 표본은 대개 시카고의 교외학교(郊外學校)에서 선발하였으나 몇 명은 시카고 시내의 사립학교에서도 선발하였다.

면담은 대개 방과 후 교실에서 하였고, 녹음을 하였다. 평균 약 40분이 소요되었으나 몇 사람은 1시간을 초과한 경우도 있었다. 피면담자(被面談者)의 이름을 밝히지 않고 비밀로 한다는 것을 교사들에게 알려 주었지만 면담의 목적은 우수교사로 선발된 사람들의 의견을 묻기 위한 것이라는 것을 미리 알려 주었다.

50명의 표집이 매우 적다는 제한은 있지만, 이들과의 면담을 토대로 교수과정에 관한 일반적인 원칙을 알아보고자 하였다. 따라서 여기에서 제시하는 일반적인 원칙은 많은 제한을 받게 된다. 즉 일류학교에서 우수 교사라고 불리는 사람들의 특징은 매우 좁은 범위에서 생각되는 것이다. 그러나 이들 50명을 기초로 모범교사들의 의견과 일반교사들의 의견이 어떻게 다른지도 알아보고자 하였다. 일반교사들과 우수교사들이 보는 교실생활은 매우 다를 것이지만 이들 두 집단을 비교하는 것이 쉽지 않아 확실한 결론을 내리지 못하였다.

그러나 더 완전한 분석을 기다리지 않더라도 여기에서 서술하는 것과 비슷한 교사도 있고 또 그렇지 않은 교사도 있을 것이다. 이 연구는 전체적인 우수교사의 특징을 분석하려는 것이 아니고 우수교사들이 교실생활을 어떻게 보는가를 알아보고 그것이 우리에게 주는 의미를 분석하는 데에 그 목적이 있다.

하나의 비유를 들어서 설명해 보자. 예컨대 판사들이 우수하다고 선정한 변호사들이 대법원에 대해서 매우 비판적이라면 그러한 사실은 일반적인 변호사들이 그러한 견해를 갖건 안 갖건 간에 매우 중요한 의미를 가질 것이다. 마찬가지로 행정적인 상관들이 우수하다고 선정한 교사들이 그들의 업무에 회의적이거나 또는 적극적인 태도를 가지고 있다면 다른 교사들이 그러한 생각을 갖건 갖지 않건 간에 우리에게 중요한 의미를 줄 것이다. 중요한 이유는 이들은 일종의 모범교사들이기 때문에 신임교사들이 따라갈 교사상(教師像)을 제시해 주고, 교육 실습생들을 지도해 주며, 모범교사로서 외부에서 오는 방문객들에게 소개되는 사람들이기 때문이다. 만약 이 모범교사들의 견해가 일반교사들의 견해와 똑같다면 모범교사들의 의미가 없고 아마도 이들을 추천한 사람들이 잘못했을지도 모른다. 이러한 논쟁은 쉽게 결론이 나지 않은 채 계속되지만 이론적으로나 실제적으로나 모범교사는 일반교사와 달라야 옳을 것이다.

이미 지적한 바와 같이 면담은 교사의 자기평가, 제도적인 권위의 사용, 교직에서 오는 만족감 등 세 가지에 집중되었다. 면담의 목적은 교사들이 임무수행을 어떻게 인식하고 있으며, 그들의 권력과 행정적인 상관의 권력을 어떻게 취급하며, 교실생활로부터 어떠한 느낌을 가지고 있는지를 알아보려는 것이었다. 교사들의 응답은 몇 개의 공통적인 특징을 가지고 있었는데 그것들을 아래에서 분석해 보겠다.

교사들이 설명한 내용을 한마디로 이야기하는 것은 어렵지만 기억의 편의를 위해서 이들을 즉시성(卽時性)·비공식성(非公式性)·자율성(自律性)·개별성(個別性)의 네 가지 단어로 표시해 본다. 아래에서 이들을 하나하나씩 설명해 보고 다시 종합적으로 그 교육적 의미를 분석해 보고자 한다.

1

교실에서 일어나는 사건의 즉시성은 많은 학생을 지도

해 본 사람이라면 누구나 잊을 수 없는 일이다. 교실에서 일어나는 사건들은 '눈앞에서 당장' 일어나는 긴박성과 자발성을 가지고 있으며 이러한 특징이 교사의 업무를 다양하고 재미있게 하지만, 이 때문에 오후가 되면 교사는 피곤해진다.

일반적으로 교육은 지적(知的)인 발달 —눈에 보이지 않게 학생의 내부에서 일어나는—에 많은 관심이 있지만 이들 우수교사들은 이와 같이 '보이지 않는 수확(收穫)'에 별로 의존하지 않았다. 그들은 눈으로 볼 수 있는 교육의 결과를 중요시하였다. 교실의 즉시성은 교사들이 보고한 변화무쌍한 행동에서도 잘 나타나 있다. 다음은 중학교 1학년 교사와의 면담이다.

면담자 : 당신이 잘 가르칠 때에는 그것을 어떻게 아십니까?

교　사 : 간단하지요. 학생들의 얼굴을 보세요.

면담자 : 조금 더 자세히 말씀해 주세요.

교　사 : 정신을 차리고 흥미가 있어 보이고 금방 질문을 할 것 같지요. 그들은 더 많이 배우고 싶은 표정을 하고 있어요. …… 그리고 학생들이 흥미가 없어 보이고 무관심한 태도를 보일 때는 "아하, 잘못 가르쳤구나!" 하고 생각하지요.

두 번째의 교사도 정신집중과 열성을 예로 들었다.

"학생들의 흥미, 그들의 언어적 표현, 그리고 얼굴의 표정과 같은 반응을 보면 대개 알지요."

세 번째의 교사는 학생들이 지적으로 어떠한 것을 발견했을 때에 얼굴에 나타나는 변화를 다음과 같이 말하였다.

"……어느 날 우리가 언어에 대해서 이야기하고 있을 때에 한 학생이 와서 우리에게 "만약 말이 없었다면 지식도 없고 아무 것도 알리지 못할 것이다. 우리는 단지 느낄 수 있을 뿐일 것이다"라고 말하였습니다. 그리고 그 학생의 표정에서 이러한 생각이 그에게 갑자기 나타났다는 것을 알 수 있었습니다."

초등학교 4학년만 16년간 가르쳐 왔다는 어떤 교사는 학생들의 모습보다는 학생들이 내는 소리의 표현을 더 중요시하였다. 그는 다음과 같이 말하고 있다.

"나는 학생들이 내는 소리를 듣고 알 수 있지요. 분명히 우리가 구분할 수 있는 소리가 있습니다."

면담자 : 교실에서 들을 수 있는 일반적인 소리 말인가요?

교　사 : 예, 그렇습니다. 교실은 언제나 조용해야 하는 것은 아닙니다. 시끄러울 때에도 공부를 잘 가르치고 있을 때가 있습니다.

면담자 : 어떤 경우에요?

교　사 : 느껴서 알 수 있지요.

고등학교에서 가르치다가 지금은 초등학교 5학년에서 가르치고 있다는 한 교사는 교사의 감수성과 변화에 대한 학생의 반응을 중요시하였다. 이 교사는 교사가 잘 가르친다는 것을 알게 되는 것은 어려운 일이 아니라고 다음과 같이 말하였다.

"그것처럼 쉬운 일이 세상에 없지요. 곧 알아요. 가르치고 배우는 일은 재미도 없고 또 어려운 일입니다. 학생들이 재미없어 하고 주의도 산만하면 우리는 곧 알아요. 잘 되는지 안 되는지는 교실의 분위기를 보면 간단히 느껴서 알 수 있지요. 또 학생들이 반항을 할 때도 그런 식으로 곧 알 수 있습니다."

물론 이상과 같은 교사의 해석에는 실수가 있을 수도 있다. 다음과 같은 얘기를 들어보자.

"앞서 이야기한 것처럼 이것도 역시 느낌이지요. 아마 내가 학생을 알지도 못하면서 괜히 열성만 내고 있는지 모르겠어요. "야! 이건 굉장한데"라고 내가 생각할 때에 학생들은 "저 선생이 도대체 무슨 이야기를 하고 있는 것이냐?"라고 속으로 말할지도 모르지요."

초등학교 1학년을 7년 가르쳤다는 한 여교사는 학생들이 무성의한 경우와 학습이 어려워서 어리둥절하게 되는 경우를 다음과 같이 구분하였다.

"무엇보다도 나는 학생들이 교사를 좋아하는 것과 교사가 가르치는 것을 배운다는 것은 다르다고 생각합니다. 어떤 때는 좋아하면서도 배우지 않는 경우도 있습니다. 학생들의 성의는 곧 이해할 수 있지만 정말 무엇을 배웠는지는 질문을 좀 해보아야 압니다. 1학년 학생들은 교사가 하는 일이 싫으면 싫다고 말합니다. 그들은 "이것은 하기 싫어요." "언제 집에 갑니까?" 하고 정직하게 말합니다. 그러나 교사가 무엇을 하는지 잘 모를 때는 대개는 말이 없습니다. 책상에 오르거나 의자 밑으로 들어가면서 조용히 다른 곳으로 빠져 달아나지요. 질문을 하면 대답은 하지만 성의가 없습니다. 교사를 괴롭히지는 않지만 수동적이 되면서 성의가 없어집니다."

지금까지 제시한 면담 결과들은 교사업무와 광범위한 교육목적 사이의 복잡한 관계에 대해서 우리들의 주의를 환기시켰다. 한 견해에 따르면 학교는 미래지향적인 기관이며 궁극적인 목적은 학생들의 미래의 복지이다. 그러나 이러한 표현을 싫어하는 교사도 있다. 교육의 주요한 목적이 '즐거움'에 있는 초등학교의 저학년에서도 학교의 준비 기능은 부인하기 어렵다. 그러나 지금까지 분석한 노련한 교사들의 증언은 교사의 업무수행을 평가할 수 있는 기준은 내일의 시험문제가 아니라 오늘의 행동이었다. 시험에 대한 이들 교사들의 태도는 매우 중요한 것처럼 보인다.

전 세계적으로 학교의 기본목적은 학습을 증진시키는 것이다. 그러므로 이상적으로는 학생들의 학업성적이 좋아질 때에 교사들은 즐거움을 느껴야 하는 것이다. 학생들의 시험성적은 이 목적의 달성 여부를 간단하게 말해 줄 수 있다. 논리적으로 양심적인 교사들은 학업성적의 등락(騰落)에 따라서 기쁨과 실망을 갖게 될 것이다. 그러나 교사들은 면담에서 이상하게도 당연히 있어야 하리라고 생각되는 이 학습결과의 객관적인 증거에 관해서 논의하기를 꺼렸다. 교사들은 시험결과를 교사의 업무수행을 평가하는 기준으로서는 거의 무시하였다.

초등학교 학생을 가르치고 있는 어떤 교사는 학생들의

시험성적보다도 학생들의 성의와 참여가 더 중요하다는 것을 다음과 같이 말하였다.

"나는 학생들의 눈동자가 빛나고 흥미 있어 하면 내가 옳게 가고 있다는 것을 알지요. 학생들의 행동을 보면 학급의 분위기를 알 수 있습니다. 시험에 의해서는 이런 것을 알 수 없지요. 학급의 활동에 학생들이 즐겁게 참여하는 정도에 의해서만 내가 옳게 가는지 어떤지 알게 됩니다."

그러나 어떤 초등학교 5학년 교사는 시험을 옹호하는 말을 하였다.

"나는 시험에 전적으로 의존하지는 않지만 학기 초에 진단의 목적으로 시험을 실시하지요. 학기 도중에는 학생들의 태도와 노트를 보고 그들이 얼마나 배우고 있는지를 압니다. 나는 노트를 중요시하지요. 가끔 시험도 보지만 이들 두 가지를 가지고 학생을 평가합니다."

교사들이 지필검사(紙筆檢査)를 피하는 데는 몇 가지 이유가 있다. 초등학교 저학년에서는 교사가 실시하려고 해도 적당한 표준화된 검사가 없다. 2학년 교사는 다음과 같이 말하였다.

"2학년을 대상으로 하는 표준화검사는 하나도 없습니다."

심리학적인 관점에서 보면 적당한 표준화검사 문제가 없다거나 실시방법이 편리하지 않다는 것은 시험 자체에 대한 불신보다는 중요하지 않다. 시험을 불신하는 두 가지 이유가 있다. 첫째는 교사들의 판단과 시험의 결과가 서로 맞지 않는다는 것이다. 이런 경우에는 교사는 자기의 판단을 고치기보다는 시험을 불신하려고 한다. 다음과 같은 이야기를 들어보자.

"나는 시험을 보지만 그것을 별로 참작하지 않습니다. 내 경험에 의하면 필기시험은 학생실력을 정확하게 평가할 수 없습니다. 나는 학급에서 학생들의 구두발표를 강조하고, 또 그것으로써 학생들의 흥미를 알 수 있습니다. 시험이요? 다소는 도움이 되겠지만 정확하지는 못해요. 많은 학생들이 평소에 잘하지만 시험 때 못하는 학생도 많이 있어요. 학생들의 태도를 보면 그들의 진보를 알 수 있어요. 학생들의 태도가 변화해서 그들이 할 수 있는 것을 좋아하게 되면 진보하고 있다는 것을 느낄 수 있어요. 때로는 학생들의 성적이 너무 나빠서 내가 무엇을 가르쳤나 하고 반성하면서 설명하는 경우도 있어요."

불신의 둘째 이유는 시험성적이 좋고 나쁜 것은 수업을 잘하고 못하고에 달려 있는 것이 아니라 천성적인 학생의 능력에 달려 있다고 보는 생각 때문이다. 3학년을 가르치는 어떤 교사는 성적의 차이는 "자연적인" 현상이라고 다음과 같이 말하였다.

"물론 시험도 중요하지만 학급의 시험성적을 서로 비교할 수는 없다고 보아요." 아동들이 서로 다르니까 시험성적으로 교육목표의 달성을 평가할 수는 없는 것 같아요. 나는 지난해에 모든 교과서를 열심히 가르쳤는데 학교 내에서 실시한 시험에서는 성적이 별로 좋지 않았어요. 그러나 전국적인 일제고사에서는 성적이 좋았습니다. 종합적으로 보면 작년에는 잘못 가르쳤고 재작년에는 매우 잘 가르친 셈인데 이건 납득할 수 없어요.

어떤 4학년 교사는 학생들의 시험에 관해서 다음과 같이 말하였다.

"우리 학생들의 국어 실력이 전혀 없는 것처럼 나타나 있어요. 그러나 사실은 그렇지 않아요. 설사 나쁘다 해도 교사가 할 일은 아무 것도 없어요."

극단적인 경우에는 객관식 고사는 관계당국이 교육목적과는 아무런 관계도 없이 실시하는 것이라고 생각한 교사도 있었다. 그들은 일제고사를 귀찮게 생각하는 것이다. 다음과 같은 말을 들어보자.

일반적으로 우수교사들은 위에서 본 바와 같이 효과적인 교육의 증거나 직업적인 만족감을 가져오는 원천으로서 객관적인 고사를 생각지 않는다. 오히려 그들은 수업 중에 교사와 학생의 사이에 정보의 교환이 자연스럽게 넘쳐흐를 때를 우수한 수업으로 생각한다. 대부분의 교사들은 자발적인 흥미와 열성을 가장 중요한 것으로 지적하였으며 가끔 수업 중에 학생들이 벌이는 활동의 질적 수준에 관해서 이야기한 사람도 있었다.

시험보다 수업 중 학생들의 행동을 더 중요하게 생각하는 교사들의 태도는 미래지향적인 학교에서 현재지향적인 교사라는 역설적인 현상을 나타내는 것 같다. 이것은 과연 역설적인 것인가? 오늘에 초점을 두는 교사는 내일에 초점을 두는 학교와 반드시 모순적인 것인가? 그렇지는 않다. 교사들은 현재의 흥미에 초점을 맞추면서도 장기적인 안목으로 시험을 실시할 수도 있다. 그러나 교사들은 이와 같은 이중적인 기능의 수행 때문에 불만족하게 되기 쉽다. 실제로 우리가 조사한 우수교사 가운데서도 이러한 불만을 가진 사람들도 있었다.

2

비공식성(非公式性)이라고 이름을 붙인 면담자료의 두 번째 내용은 다음과 같은 두 가지 점에서 명백하다. 가르치는 방법에 대해서 질문했을 때에 정도의 차이는 있으나 교사들은 비형식성을 특징으로 들었다. 대부분의 교사들은 이 질문의 뜻을 교실에서 교사의 권위를 어떻게 사용하느냐의 뜻으로 생각하고 대답하였다. 2학년을 가르치는 젊은 교사는 이 문제를 매우 요령 있게 대답하였다.

"필요하다면 좀 비꼬아 가면서 나는 비형식적인 방법으로 가르칩니다."

우리가 면접한 교사들은 가끔 그들의 방법을 그들의 옛날 교사들의 방법과 비교하면서 말하였다. 한 5학년 교사는 자유와 비형식성이 최근 교실의 특징이라고 하면서 다음과 같이 말하였다.

"나는 매우 자유롭고 친절한 태도를 취합니다. 이것은 내가 어렸을 때에 경험한 교수방법과는 매우 다릅니다. 이 학교는 배우려고 하는 학생들의 성의가 강하기 때문에 그런 방법으로 수업을 해도 됩니다. 학급마다 특징이 있기 때문에 교수의 자유가 있어야 한다고 생각합니다. 학급마다 학습속도가 각각 다릅니다. 나는 학급에서 말을 많이 하지만 공식강의는 별로 하지 않습니다. 학생들이 흥미 있게 뛰어다니면서 놀도록 내버려두면서 비형식적인 학급 분위기를 유지하려고 노력합니다."

40년의 초등학교 교사생활을 해온 어떤 여교사는 그의 교수방법을 다음과 같이 말하였다.

"나는 교실에서 비형식적이 되려고 노력해요. 토론시간에는 가족이 난로나 식탁에 앉아 있을 때처럼 자유스러운 분위기를 만들려고 해요. 가끔 학생들을 훈계하기도 하지만 그 방법은 나의 어머니가 교사이었을 때에 쓰던 방법처럼 권위주의적인 것은 아닙니다. 나는 학생들이 "선생님이 틀렸어요."라고 말할 수 있을 정도로 자유스러운 분위기를 원합니다. 또 나는 나도 잘 모르겠는데 한 번 더 찾아보아야겠다고 말할 수 있는 분위기를 좋아합니다. 나는 학생들이 긴장하는 것을 원하지 않아요. 그들이 능력을 발휘하는 것을 원합니다."

둘째, 많은 교사들이 경험이 많아짐에 따라서 어떻게 교수방법이 변화했느냐고 물었을 때에 비형식성에 대해서 서술하였다. 어떤 5학년 교사는 다음과 같이 말하였다.

"처음에는 딱딱하게 가르치다가 경험이 많아지면서 점

점 부드러워져 갔지요. 긴장을 풀고 비형식적이 되려면 학급을 먼저 잘 알아야 합니다."

어떤 5학년 교사는 그의 일생 동안 교수방법의 형식성과 비형식성이 어떻게 변했는가에 관해서 다음과 같이 말하였다.

"나는 형식을 좋아하는 교사의 유형으로부터 비형식을 좋아하는 교사의 유형으로 바뀌어져 갔습니다. 초기에는 학급의 질서유지에 매우 신경을 썼습니다. 그때에는 학생들을 비형식적으로 대하면 학급의 질서를 유지할 수 없는 것으로 생각하였습니다. 나는 이 문제에 대해서 적절한 한계를 알지 못하였지요. 학생들의 행동을 잘 알게 되면서 형식적인 분위기를 완화할 수 있었습니다."

이상에서 서술한 것과 같은 비형식성은 초등학교에서 가르쳐본 사람이라면 누구나 잘 알 것이다. 오늘날 학교는 이동식 책상과 조립식 벽 등 학급내의 이동을 허용하고 있다. 책상의 줄이 똑바로 맞아야 하는 것은 옛날방식이다. 그러나 비형식성의 문제는 상대적인 문제이다. 과거의 매우 권위적인 교사를 오늘의 자유스러운 교사와 비교하면 확실히 차이가 있을 것이다. '비형식적'이라는 말은 덜 형식적이라는 말이지 무형식적이라는 말은 아니다.

아직도 대부분의 교실에는 형식과 규칙이 있다. 오늘날의 교사는 그들의 권위를 부드럽게 사용하지만 여기에는 한계가 있다. 우리가 면담한 교사들은 이러한 한계를 명백하게 인정하였다. 비형식성에 대한 그들의 욕구는 결코 그들의 학교가 규정하는 그들의 책임 · 권위 · 전통을 손상시킬 만큼 강력한 것은 아니었다.

3

면담에서 세 번째로 나타난 내용은 교직의 자율성에 관한 내용이었다. 이 문제는 비형식성의 문제와 비슷하지만 비형식성의 문제가 학생을 상대로 하는데 비해서 자율성의 문제는 행정적 상관을 상대로 한다. 필요 이상의 경직성과 형식성이 여기에서 지적되었다. 면담에 응한 교사들은 교사의 자율성을 위협하는 두 개의 요인을 지적하였다. 하나는 융통성 없는 교육과정의 문제요, 다른 하나는 평가를 목적으로 행정적인 상관이 교사의 권리를 침해하는 일이다. 한 5학년 교사는 첫 번째 문제를 강조하면서 다음과 같이 염려하였다.

"만약 행정관이 이러한 방법으로 이러한 자료를 이러한 시간에 가르쳐야 하고 지정된 교과서 이외에는 보충교재를 사용하지 못한다는 등의 행정지시를 한다면 나는 차라리 교직을 그만두겠습니다. 그럴 바에야 차라리 원숭이를 고용해서 교재를 나누어 주는 것이 나을 것 아니겠습니까?"

잘못된 교육과정 지시를 분개한 것은 남자교사만은 아니다. 여자교사도 다음과 같이 불평하였다.

"……나는 바로 그 이유로 이 학교로 전근해 왔습니다. 먼저 학교에는 감독이 너무 심하고 몇 월 며칠 날 무슨 책 몇 페이지를 가르치라는 식으로 감독이 지나치게 심하였습니다. 사람이 그렇지 않은데 어떻게 그런 방법으로 가르칠 수 있는지 모르겠습니다. 열 사람의 교사가 있으면 열 가지의 다른 방법이 있지만 그래도 학생들은 다 잘 배워서 커갔습니다. 열 사람은 그들이 열 사람의 개인이기 때문에 열 가지의 다른 방법을 사용하는 것입니다."

10년의 경험을 가진 4학년의 여교사도 교재에 대한 간섭을 매우 싫어하였다. 그는 "이러다간 파면되겠구먼."이라고 말하면서 학교에서 일어난 다음과 같은 사건을 소개했다.

"사건의 발단은 교사들이 4학년에는 적합하지 않다고 생각한 산수교재 때문이었습니다. 4학년 교사들은 모여서 학생들에게 적합하지 않다고 생각하는 부분을 잘라내고 교수하였습니다. 만약 교장이 "그렇게 해선 안 되요. 꼭 가르쳐야 합니다."라고 말했다면 나는 "그러면 다른 사람을 구하시오."라고 말했을 것입니다. 그런 경우엔 심정이 매우 괴롭습니다. 그래도 내가 교직을 붙들고 있어야 한다면 나는 매우 비참하다고 생각합니다."

또 어떤 4학년 여교사는 그가 싫어하는 일과 그 이유를 다음과 같이 구체적으로 말하였다.

내가 만약 9시부터 9시 반까지는 수학을 가르치고 9시 반부터 9시 45분까지는 국어를 가르치라고 지시를 받는다면 매우 괴로울 것입니다. 시간표가 있는 것이 좋지만 9시 반에 들어가서 수업을 관찰하겠다고 말하는 관리들을 나는 싫어합니다. 나는 융통성이 없는 것을 싫어해요. 만약 학생이 "선생님! 우리가 학기 초에 배운 노래가 여기 있는데요."라고 말한다면 국어시간의 도중에 노래를 부르게 하겠습니다. 학생들은 긴장을 풀고 좋아할 것입니다. 그리고 나 역시 가슴이 시원해지지요.

교육과정에 대한 행정적인 간섭의 하나는 교사들에게

수업계획을 너무 앞당겨서 제출하게 하는 일이다. 29년의 교직경험을 가진 어떤 교사가 말하는 것처럼 대부분의 교사들은 이러한 것을 싫어한다.

"내 이웃학교에서는 9개월이나 앞당겨서 수업지도안을 써야 했고 그대로 가르치는지 검사를 받았습니다. 교육실습을 마친 이후 지금까지 나는 수업계획안을 쓴 것 같지는 않습니다. 교장이 나에게 그런 것을 요구했다면 나는 그만두었을 것입니다. 물론 종이쪽지에 메모 형식으로 진도를 적어서 생각해 보지만 그것은 별개의 문제입니다."

이러한 불평에는 두 가지 이유가 있다. 하나는 이러한 계획 때문에 학생들의 자발성이 없어지지 않나 하는 것이요, 다른 하나는 교사의 직업적 자존심에 대한 모욕이라고 생각되기 때문이다. 어떤 2학년 교사는 다음과 같이 말하였다.

"수업에 관한 교사 자신의 의견을 존중한다는 것은 중요한 일입니다. 나는 교육과정 안내서를 주고 "이것을 따르시오"라고 말하는 것을 좋아하지 않습니다. 나는 좋아하는 시간에 좋아하는 것을 가르치고 싶습니다. 내 친구들 중에는 일주일이나 일 개월 앞서서 수업지도안을 제출해야 하는 사람이 있는데 나는 이것이 쓸데없는 짓이라고 생각해요. 왜냐하면 우리는 그대로 가르치지 않기 때문입니다. 예컨대 나비가 교실에 들어오는 것과 같이 재미있는 일이 일어나면 우리는 나비에 대해서 이야기합니다. 나는 매주 수업지도안을 만들고 월요일 아침 9시에서 10시 사이에는 그대로 하지만 그 이후에는 집어치웁니다. 수업 도중에 무엇을 해야 할지 정말 모르게 되는 경우는 할 수 없이 지도안을 보게 되지만 그것이야말로 괴로운 순간입니다."

교사가 외부인사로부터 자주 관찰될 때에 불안해하는 것은 그것이 직업적인 자존심을 상하게 하기 때문이다. 나비가 들어오면 나비에 관해서 예정에 없는 수업을 하겠다는 교사는 장학사들이 수업을 관찰하러 오는 것을 싫어할 것이다. 다음과 같은 말을 들어보자.

"나는 수업의 관찰자를 싫어합니다. 나는 교장이나 교육감이 감시하는 것을 싫어해요. 감시가 별로 없는 학교도 있습니다. 그전에는 나도 내가 어떻게 하나 하고 생각해 본 적이 있었지만 지금은 자신이 있기 때문에 그런 생각을 안 합니다. 나는 낙제생도 몇 명 안 냈고 나의 학생들을 이어받은 3학년 교사들이 별로 불평을 안 하는 것을 보면 잘 가르치고 있는 것 같아요. 그러나 처음에는 내가 무엇을 하는지, 내가 하는 것을 학생들이 아는지, 궁금해 하였습니다. 나는 다른 사람이 감시를 하면 반대방향으로 나간답니다. 나는 고집이 세어서 "자, 그럼 좋아요. 들어와서 보시오. 나는 안 가르치겠소."라고 말할 기분입니다."

교사들을 감독하기 위한 행정관들의 방문은 그들이 생각하는 것 이상으로 교사들을 괴롭게 하는 것 같다. 다음과 같은 교사의 말을 들어보자.

"사람들이 교실을 출입하는 것은 괜찮지만 교실에 앉아서 무엇을 적기 시작하면 오장육부가 뒤집힙니다. 그래서 나는 다른 학교로 전근을 갔습니다."

면담자 : 왜 기분이 뒤집히지요?

교 사 : 그들이 나를 비판한다고 느껴지기 때문이죠. 내가 비판을 감당하지 못해서가 아니라 앉아서 나를 감시하고 무엇을 적는 것 자체가 나는 싫습니다.

몇 사람은 외부인의 평가를 너무 반대하여 그것을 참는 것보다는 차라리 교직을 떠나겠다고 말하였다. 이러한 태도는 이들이 행정관리들에 의하여 모범교사라고 평가된 사람들이라는 것을 생각할 때에 매우 중요한 것이라고 아니할 수 없다. 말하자면 그들은 행정관리들이 방문함으로써 가장 많은 이익을 얻고 숨길 것은 거의 없는 사람들인 것이다. 그럼에도 불구하고 그들은 행정관의 방문을 불만스럽게 생각하는 것이었다. 거의 일생을 어린이들과 보낸 1학년의 여교사는 교직을 그만둘 생각을 거의 안 하는 사람으로 볼 수 있지만 다음과 같이 말하였다.

"만약 내가 업적평가제가 있다는 것을 알았더라면 당장 그만두었을 것입니다. 그러나 우리 학교에서는 여러 가지 이유로 우리가 옳다고 생각하는 것을 자유롭게 할 수 있습니다."

얼핏 보아 이들 교사들은 교실의 문이 잠기고 교육과정 지침서가 없어져야 마음이 편안한 것 같다. 그러나 교직의 자율성을 확보하려는 그들의 의도는 고립이나 완전한 독립을 원하는 것으로 오해되어서는 안 된다. 이들 교사들은 학교의 집단생활에 대해서 불평하거나 학생들 하고만 교실에 있겠다는 것은 아니다. 단지 교사들은 일정한 의무를 수행하는 동안 감시받는 것을 싫어할 뿐이다. 사실상 우리의 면담에서는 교사들이 음악이나 미술 등 전문적인 분야에서 다른 사람들의 협조를 지금보다도 더 많이 원하고 있다는 것을 발견하였다. 교사들은 동료와 협동을 원하면서도 교실에서는 다른 사람의 간섭을 받고 있지 않다는 감정을 갖기를 원하는 것이다.

이러한 경향은 미리 결정된 교육과정에 대한 교사들의 태도에서도 나타나 있다. 어느 교사도 그 자신이 교육계획을 세운다고 생각지는 않는다. 모든 교사들이 교육과정 위원회와 교과서 제작자들이 만든 교육과정 지침서를 기꺼이 수락하는 것 같았다. 그러나 이러한 지침서의 한계 안에서 교사들은 자발적이면서도 전문적인 판단을 할 수 있기를 희망하였다. 여기에서도 비형식성에 대한 교사들의 욕구와 마찬가지로 교사들은 자유를 갈구하지만 그것은 어떠한 범위 안에서의 자유인 것이다.

4

면담에서 발견된 네 번째의 내용은 개별성(個別性)이라는 말로 요약될 수 있다. 이것은 학급학생의 복지에 관한 교사의 흥미와 관련되어 있고 교직에 대한 교사의 만족여부를 물어볼 때에 극히 분명해진다. 교사는 전체 학생을 상대하기는 하지만 결국 그가 상대하는 것은 개별적인 학생이다. 어떤 교사는 다음과 같이 말하였다.

“내가 교직에 머무르는 것은 매년 가르치는 30여 명의 학생 때문이 아니라 사물을 똑바로 보기 시작하는 1~2명의 학생과 그들의 가정에 대한 감사 때문입니다. 어리고 수줍어하던 학생들이 성장해 가는 것을 보는 것은 참으로 값있는 일입니다.”

학생들의 주의집중이나 수업에 대한 깊은 참여도 교사를 기쁘게 하지만 그것이 가장 만족스러운 것은 아니다. 이들 헌신적인 교사에게 있어서 ‘기쁨’이라는 것은 만족 이상의 것이다. 그들의 임무는 공식적인 교육목적을 달성하는 것에 한정되어 있지 않다. 교사의 역할과 관련된 다양한 책임이 그들에게는 모두 기쁨이 된다. 이들을 감정의 강도(强度)에 따라서 분류할 수 있다.

한쪽 끝에는 계속적인 만족감이 있는데 이것은 격렬한 감정을 수반하지는 않지만 훌륭한 일을 하고 있다는 개인의 유용성을 의식함으로서 오는 것이다. 어떤 교사는 다음과 같이 말하였다.

“마치 선교사업(宣教事業)과 같다고 생각해요. 나는 늘 사회적 중요성을 잊지 않았으며 우리 지역사회의 빈곤한 사람을 위해서 뿐만 아니라 지역사회 전체를 위해서도 옳은 일을 하려고 노력하고 있어요.”

교사들이 사명감을 갖게 되는 중요한 이유는 인생의 가장 중요한 시기인 어린 시절의 인간을 그들이 도와준다는 데에 있을 것이다. 어떤 2학년 교사는 이와 관련해서 다음과 같이 말하였다.

"우리가 어린이를 가르친다는 것은 언제나 그들에게 새로운 것을 가르치고 그들을 발전시키기 위해서 도와준다는 것을 의미합니다. 만약 그들이 이렇게 중요한 인생의 시기에 자기 자신을 훌륭하게 성장시키지 못하면 한평생 동안 고생하게 될 것입니다."

이러한 유용성의 의식 배후에는 긴박성도 있다. 선교사들과 같이 교사들도 오직 한정된 시간을 가지고 있을 뿐이다. 잘못 지도해서 실패하는 경우 아이들에게 다시 돌이킬 수 없는 악영향을 준다는 것은 다른 직업에서는 찾아볼 수 없는 교직의 특성일 것이다. 물론 교사가 실패할 수 있다는 것은 성공할 수 있다는 것을 의미하기도 한다. 학생들의 진보를 눈에 볼 수 있게 되는 것은 교사들이 직무수행에서 성공적이라는 것을 말해 주는 간접적인 표시이며, 이럴 때에 교사들은 매우 강렬할 감정적 만족을 느끼게 된다. 어떤 교사는 이러한 경험을 다음과 같이 말하였다.

"상(賞)이라고요? 학생들은 보기만 해도 기쁘고 그들이 발전하는 것을 보는 것은 가장 큰 상이지요. 학생의 성공을 보는 것으로 충분한 보상이 됩니다. 이것이 우리가 교육에서 이룩하고자 하는 바로 그것입니다. 우리는 아동들이 인생에서 그들이 있어야 할 위치를 찾아주고 성공할 수 있도록 도와주는 것입니다. 우리는 학생들의 진보를 늘 면밀하게 검토하며 우리가 잘 했는지 못했는지 반성합니다. 어린이의 진보가 나에게는 보상이지요. 그들이 어떻게 지내는지 늘 관찰합니다. 신학기에 많은 문제를 가지고 온 학생이 학교에서 생활하면서 그 중에 몇 개라도 극복하게 된다면 그들이 발전하고 있다고 생각하며 그것은 큰 기쁨입니다. 나는 학생들의 얼굴에서 성취감이나 어떤 생각이 반짝이는 것을 보는 경우에는 머리에 쾅 하고 오는 것을 느끼지요."

이 마지막 문장의 쾅이라는 말과 반짝인다는 말은 예기치 않은 일이 일어날 때에 나타나는 감정적인 만족이나 자극을 표현하는 것이다. 하루에 무슨 일이 일어날지 정확하게 예측할 수 없는 상황에서 교사들은 아마도 즐거운 일이 일어나기를 희망할 것이다. 어떤 3학년 교사는 이 감정을 다음과 같이 잘 표현하였다.

"나는 모든 사람이 교실에서 볼 수 있는 것과 같은 흥분

상태를 맛보기를 원합니다. 때로는 슬프고, 기분이 언짢고, 일이 잘 안 되는 경우에도 교실에 와서 아이들만 보면 기분이 좋아져요. 왜냐하면 아이들은 우리를 필요로 하거든요. 아이들의 슬픔 때문에 우리 자신들의 슬픔을 잊을 수도 있고 또 아이들이 우리에게 할 말이 있을 텐데, 그것은 세상에서 가장 귀한 것이기 때문에 우리는 기쁘게 돼요. 이래서 우리는 갑자기 우리 자신의 문제를 잊어버리게 되거든요. 나는 이렇게 기쁨을 주는 직업이 또 세상에 있을 것 같지 않아요."

초등학교 5학년과 중학교 1학년을 가르치는 두 사람의 남자교사는 학교 교실에서 일어나는 예기치 않은 일에 대해서 다음과 같이 말하였다.

"예기치 않은 방향으로 흘러가는 학급토론에 관해서 이야기하지요. 아무 말도 안 하고 있던 아이도 갑자기 말을 하게 되는 때가 있어요. 어떤 경우에는 한 학생이 예기치 못했던 일을 하고 어떤 경우에는 전 학급이 그렇게 해요. 어느 날 5학년 여학생이 방과 후에 찾아와서 "이제 나눗셈을 배웠어요."라고 말했습니다. 어떻게 그런 일이 일어났는지 모르지만 하여간 그렇게 일어났어요. ……보상이라고요? 물론 보상을 매일 받지요. 학생 수가 적을 때는 학생들의 진보를 더 관찰할 수 있어요. 과거에 못 풀었던 문제를 학생들이 풀고, 눈동자가 반짝이고, 불가능하다고 생각되던 일을 해내는 학생이 있고 …… 그런 일이 없는 날은 없어요. 이것이 나에게는 큰 보상입니다."

물론 예기치 않은 일은 학습목표의 도달에만 관련되어 있는 것은 아니다. 어떤 때는 교육적인 문제와는 관계없이 그저 평범한 일로 기쁨을 감추지 못하는 경우도 있다. 다음과 같은 말을 들어보자.

"나는 학생들의 반응을 참 좋아해요. 그들의 대답은 우스워요. 나는 가끔 책을 쓰고 싶을 때가 있지만 그들의 재미있는 이야기를 그대로 옮길 수가 없어요."

예기치 않은 학급의 사건은 크기나 중요성, 즐겁고 괴로운 것, 비약적인 진보와 동기의 각성에 이르기까지 다양하다. 또 때로는 종교적 개종과 같이 깊은 감정을 수반하는 극적인 변화도 있는데 교사는 이때도 매우 즐거움을 느낀다. 예기치 않은 일이 교사에게 흥분을 가져오는 것은 말하자면 학급내의 '기적'과 같은 것인데 교사에게 스릴에 가까운 감정을 맛보게 하므로 심리학적으로 중요한 의미를 가지고 있다.

이와 같은 극적인 변화를 강조하기 위해서 교사들은 흔

히 비유를 한다. 문제의 학생들은 단순하게 발전하는 것이 아니라 '밝아오는 빛을 보게 되고' '잠에서 깨어나고' '병마개가 빠진다.' 식으로 비유하여 표현한다. 세 사람의 교사는 다음과 같이 비유해서 학급을 묘사하였다.

"학급에는 잘하는 학생도 있고 갑자기 빛을 보게 되는 느린 학생도 있습니다. 그런 경우에 그들이 스스로 발전하는 것 같지만 모두 교사가 도와주는 것입니다. 나는 특히 학습 진도가 느린 학생이 갑자기 진보를 하게 되면 그때처럼 기쁠 때가 없습니다. 학기 초에 머리가 좋지만 게으른 한 학생을 가르쳤는데 얼마 동안 앓으면서 결석하고 나더니 갑자기 다른 학생이 되었습니다. 이제 그는 거의 전 과목에서 A를 받고 있는데 내가 지도한 탓도 있고 그가 잠에서 깨어난 탓도 있지요. 삼각형에 관한 문제를 푼 학생의 예를 봅시다. 멋있다고 생각했는데 자세히 보니 그렇지 않아요. 그래서 눈을 좀 더 잘 사용하라고 했어요. 나는 그에게 유리창과 건물의 모양을 먼저 보게 하고, 삼각형을 그리도록 했습니다. 그가 삼각형을 그리기 시작했을 때에 나는 그의 얼굴에서 스릴에 찬 모습을 볼 수 있었습니다. 말하자면 그 학생은 이때부터 병마개가 빠진 것입니다."

물론 모든 학생이 극적인 변화를 하는 것은 아니다. 그러나 한 두 학생만이라도 그런 변화를 보일 때는 칠판 앞에 서는 보람은 있다. 어떤 1학년 교사는 그 점을 다음과 같이 명백하게 하였다.

"갑자기 책읽기를 좋아하고 스스로 공부하려고 하는 학생을 볼 때에는 이런 학생을 위해서 좋은 일을 한 것 같아 만족감을 금할 수 없어요. 어떤 학생들은 2, 3 학년이 되어야 성숙하게 되기 때문에 모든 학생에게 이상과 같은 기적을 기대할 수는 없어요. 그러나 꽃처럼 피어오르는 학생을 보면 즐겁지요."

지금까지 교사가 느끼는 만족감을 감정의 강도에 따라서 순서적으로 배열하였다. 즉 개인적 유용성, 성취감, 예기치 않은 일에서 오는 흥분, 극적인 변화를 보는 데에서 오는 스릴 등이었다. 가장 극적인 스릴은 다른 교사나 어른들이 가망이 없는 학생이라고 포기해 버린 학생에게 찾아오는 변화를 발견하는 일이다. 이러한 상황은 헬렌 켈러(Hellen Keller)의 어린 시절에 관한 이야기가 상징적으로 잘 말해 주고 있다. 물론 흔히 일어나는 일은 아니지만 일어나는 경우에는 기억에 남는 사건이다. 다음과 같은 이야기를 들어보자.

"심각한 장애를 가지고 있는 어린이를 위해서 어떤 일을 할 때처럼 깊은 감정과 스릴을 느낄 때는 없습니다. 아하! 의사가 사람의 생명을 구할 때는 그런 감정을 느끼겠군요. 그러나 대부분의 직업에서 그런 감정을 찾기는 어려울 겁니다. 그런 아동을 도와서 성공할 때에는 거의 영감에 가까운 감정을 경험하게 됩니다."

이러한 변화는 정확하게 예측하기 어렵고 또 노력한다해서 반드시 되는 것도 아니지만 교사들은 실망하지 않고 노력하며 또 적어도 부분적으로는 그들이 노력한 덕택이라고 생각한다. 다음과 같은 말을 들어보자.

"전진하는 학생을 볼 때는 정말 기쁘죠. 나는 반응이 없는 학생을 가르쳤는데 첫 학기에는 거의 포기했었습니다. 지금 그 학생은 공부를 잘하고, 특히 과학 성적이 뛰어납니다. 나는 내가 지도를 잘했다고도 생각하고, 또 그 학생이 열심히 한 탓이라고도 생각해요. 그러나 이런 문제는 누구도 몰라요."

많은 교사들이 문제성이 있거나 버려진 아이들에게서 오는 변화를 의미 있게 생각한다. 학급이 배당되면 교사들은 그런 학생이 있나 찾아본다. 말하자면 이들은 경마(競馬)에서 승산이 없는 말과 같은 존재이어서 경제적으로는 수지가 맞을 확률이 극히 적지만 감정적인 보상은 말할 수 없이 큰 것이다. 교사들이 하는 일을 도박과 관련시켜 이야기한다 해서 교사들이 도박을 하는 기분으로 아동을 지도한다는 인상을 주려는 것은 아니다. 교사들은 실로 성공적인 학생에 대해서 갖는 감정과는 달리 실패하는 학생들에 대해서도 독특한 사랑을 가지고 있는 것이다. 어떤 4학년 교사는 이 점을 명백히 하였다.

"평범하게 보이지만 교사들에게는 독특하게 매력적인 학생이 있지요. 나는 매우 매력적인 문제투성이의 학생을 가끔 보지요. 나는 바보처럼 보이는 어떤 학생이 학급 아동들 사이에서 있는 것을 처음 보았는데 여러 면에서 확실히 멋있는 아이였어요. 그러나 다른 아이들이 그 애를 보고 웃을 때에 나는 그 아이에게서 강렬한 애정을 느꼈습니다. 이런 것을 이해할 수 있겠어요?"

어떤 교사들은 학생들이 갑자기 행동이 변할 때에 특히 사랑스런 감정을 느끼게 된다.

다음과 같은 말을 들어보자.

"조그마한 여학생이 그림을 그렸는데 참 못 그렸어요. 나는 오랫동안 그 학생에 대해서 별다른 감정을 가지고 있지 않았지요. 그러나 갑자기 그 학생이 그림을 잘 그리게 되었을 때에 나는 그를 퍽 사랑하게 되더군요."

위에서 볼 수 있는 '사랑'이란 말은 극적으로 나타나는 학생들의 행동을 관찰할 때에 느끼게 되는 흥분보다도 더 강력한 만족감이다. 우리가 면담을 하는 도중에 많은 교사들이, 특히 여교사들이 학생 개개인에게 깊은 애정을 느낀다고 말하였다. 이때에 교사의 역할은 교사의 역할과 어머니의 역할이 종합되는 것이다. 때때로 교사들은 교사와 어머니의 관계에 대해서 이야기했고, 그리고 매우 솔직하고 날카롭게 그 동기를 이야기하였다. 다음의 이야기를 들어보자.

"교사에 따라서 그가 특히 좋아하는 연령의 학생이 있을 겁니다. 나는 어머니와 같은 역할을 좋아하기 때문에 저급학년을 좋아합니다. 아마 남편과 내가 아이를 가지고 싶었지만 아이를 낳지 못해서 그런지도 모르지요. 나는 내 자식들한테서 갖지 못하는 사랑을 학생들에게서 가지려고 합니다. 이럴 필요가 없는 교사들은 아마 다른 학년을 원할 겁니다. 물론 아이들과 같이 있다는 것이 교사의 보람이지요. 나는 결혼했지만 아이가 없어서 아이들과 같이 있음으로써 보람을 느낀답니다. 내가 교직을 떠나면 어디서 이런 보람을 느끼겠습니까? 어떤 학생들과는 특히 가까워지지만, 특히 한 학생만을 사랑할 수는 없잖아요? 그래서 늘 "나도 한 놈이 있었더라면 그놈을 ……가 되도록 기를 텐데" 하는 생각을 버릴 수가 없습니다."

모든 교사들이 이렇게 깊은 감정을 갖는 것은 아니다. 중학생을 가르치는 어떤 교사는 교사와 학생의 관계를 '사랑'이라는 용어로 표시하는 것은 적절하지 못하다고 말하였다.

다음과 같은 이야기를 들어보자.

"사랑이나 애정이라는 용어보다는 존경이라는 용어가 더 적합해요. 확실히 존경이어야 합니다."

그러나 이 교사에게 학년이 끝나는 날 어떤 느낌이 들었느냐고 물었더니 그는 다음과 같이 말하였다.

"나는 다음 해에도 이 반을 가르치고 싶어서 매우 섭섭한 느낌을 금할 수 없었습니다. 어떤 때는 학생들과 너무 가까워져서 다음 해에도 그 학생들을 또 가르치고 싶어지지요."

여러 교사들이 이별의 섭섭함에 대해서 이야기하였다. 이것은 만족과는 반대되는 것이지만 학생과 교사 사이의 친밀성을 의미하는 것이므로 몇 마디 해야겠다.

"학기말이 가까워져서 학생들이 떠나는 것을 보기가 싫

어요. 그들과 너무 친해졌어요. 몇 년 동안 학기 초에는 내가 가르치던 학생들을 맡게 된 교사를 분개했습니다. 나는 그들을 이제는 내 학생이라고 생각할 수가 없었어요. 그러나 해가 지나면서 이렇게 살아야 한다는 것을 배우게 되었어요. 왜 그런지 모르지만 학생들과 자꾸 정이 들어요. 방학 동안에 가장 즐거운 일은 학생들로부터 편지를 받는 일이랍니다. 벌써 그들이 고등학교에 다녀요."

이상과 같은 면담내용이 보여주고 있는 바와 같이 교사와 학생의 관계는 끝이 없다. 교사들은 학년이 끝나도 학생들에 대한 애정을 버리지 못한다. 또 어떤 교사는 교실을 떠난 뒤에도 학생들의 일생을 간접적으로 많이 도와준다. 이러한 교사-학생관계의 연장은 교사에게 또 하나의 만족감을 준다. 자기가 가르친 학생들에 대한 추억을 더듬거나 그들의 성공을 보는 기쁨은 교육경력이 증가함에 따라서 더한다. 다음의 몇 이야기를 들어보자.

"나는 대학에 가고 싶지 않은 학생들을 골라서 대학에 가도록 권유하기 위해서 토요일에는 그들을 내 차에 태우고 대학을 구경하러 갔지요. 그리고 대학에 입학하기 위해서 필요한 서류를 신청하는 것을 도와주었습니다. 지금 나는 보람을 느껴요. 그들 중에 한 녀석은 박사학위를 받고 교수가 되었지요. 내가 도와주지 않았더라도 대학에 갔을지 모르지만 그들이 성공하는 데 내가 조금은 도움이 되었을 거예요."

"일 년 동안에 학생들의 특수한 진보를 보기는 어렵지만 3학년이나 4학년이 될 때에 많이 달라지는 것을 보면 매우 기뻐요. 또 고등학교나 대학에 다니는 학생들이 찾아올 때도 참 기쁩니다. 3학년 때에는 빌빌대던 학생이 어떤 때는 고등학교를 우등으로 졸업하는 경우도 있어요. 그런 때는 내가 애쓰고 가르친 보람이 있는 것 같아요."

"이 학생들이 장래에 무엇이 되던 지간에 내가 그놈들을 이겨 보려고 해요. 그렇게 생각할 때는 자존심이 생긴답니다."

중학교 1학년과 2학년에서 영어를 가르치는 어떤 선생은 옛날 학생들을 중심으로 해서 재미있는 이야기를 다음과 같이 하였다. 35년 동안 가르쳤다는 이 교사는 왜 매년 교단에 서는지 그 이유를 자기도 알 수 없다고 하였다.

"내가 정말 가르치는 것을 좋아하는지 나도 가끔 의심합니다. 먼 훗날에는 내가 무엇을 했는지 학생들한테서 듣게 되고 나도 정직하게 알게 되겠지요. 그러한 성취감이 나를 교단에 서게 하는 것 같아요. 학생들이 건들거리거나 감기가 들어서 앓아누울 때는 왜 내가 가르치는지 솔직하게 나도 몰라요. 그러나 나는 학생들을 좋아하는 것 같고 신학기가 되면 또 힘이 나요. 왜 힘이 날까? 나도 모르겠어요. 그저 흥분할 뿐이에요. 어제는 세 명의 고등학생이 나를 찾아와서 자기들을 기억하느냐고 물어 봐요. 왜 기억을 못하겠어요? 또 한 번은 대학원에서 신문학 석사과정에 있는 학생이 자기를 아느냐고 물어봐요. 기억하고 말고요. 세상에서 제일 나쁜 놈이었어요. ……이 재미로 선생노릇을 하는 것 같아요."

개개의 학생들이 각각 발전할 때에 교사들이 가장 즐겁다면 학생 한 사람 한 사람을 상대로 하는 개인지도를 교사들이 원할까 하는 질문을 마음속으로 갖게 된다. 만약 한 때에 한 학생만 지도한다면 교사는 전력을 그 학생에게 쏟을 수 있을까? 그러나 교사들은 개인 지도를 원하지 않았다.

학급당 학생이 몇 명 정도가 가장 좋으냐고 물어 보았을 때에 대부분의 교사들은 20명 내지 25명이 가장 좋다고 대답하였다. 10명 이하는 모든 교사들이 반대하였다. 반대의 이유는 교사마다 다르지만 공통적인 것은 학생이 적으면 자극이 없고 경험을 서로 주고받을 수 없기 때문에 가르칠 맛이 안 난다는 것이었다. 어떤 교사들은 경쟁을 위해서 많은 학생이 필요하다고 하였다.

교사들은 학생들 개개인의 진보를 원하기 때문에 학생 집단을 원하는 것이다. 얼핏 보아서는 이 두 가지는 모순되는 것 같지만 사실은 그렇지 않다. 이들 교사들이 말하는 집단은 사회적인 또는 심리적인 집단은 아니다. 기능이 분화되어 있는 사회적 단위로서의 집단도 아니다. 이들이 말하는 집단은 '생기를 줄'만큼 크고, 개인적으로 알 수 있을 만큼 작은, 개인들의 집합인 것이다. 안정적인 사회관계가 이들 개인의 집합 내부에서 발전하고 어떤 경우에는 기능적으로도 발전한다. 그러나 초등학교 교사들이 궁극적으로 관심을 가지고 있고 만족해하는 대상은 물론 개인과 그 개인의 발달이다.

5

이상과 같이 면담내용을 요약하였거니와 이제 이러한 분석이 아동의 교실생활을 이해하는 데 어떻게 도움이 되는지 보자. 그러한 목적을 위해서 서술한 면담들을 간단하게 조금 더 검토해 보자. 교사들이 이야기한 것은, 첫째 교수조건과, 둘째 교직을 택한 일반적인 심리적 이유의 두 가지 제목으로 나눌 수 있다. 이 제목은 교사와 학생이 학교라는 제도 속에서 어떻게 적응하느냐라는 문제와 관련되어 있는 것이다.

교사들이 하는 이야기의 중요한 특징은 어려운 기술적 용어를 사용하지 않고 있다는 점이다. 의사 · 변호사 · 자동차 수리공 · 우주물리학자 등과는 달리 교사들이 하는 이야기는 웬만한 사람이라면 누구나 이해할 수 있다. 가끔 '단원 · 프로젝트 · 교육과정 지침서 · 단어암기법' 등 약간 전문적인 용어를 쓰지만 한 번도 들어보지 못한 말을 교사로부터 듣는 것은 오히려 예외적이다.

교직에는 전문적인 용어가 별로 없을 뿐만 아니라 관련 분야에서 빌려오는 상투적인 전문어도 별로 없다. 몇 개의 심리학적인 용어가 쓰여 지기는 하지만, 심리병리학 · 집단역학 · 학습이론 · 사회조직론 · 발달심리학 등에서 사용하는 것과 같은 특수용어는 거의 없다.

교사들이 기술적인 용어를 쓰지 않는다는 것은 '개념적 단순성'이라고 하는 특징을 나타내는 것이다. 교사들은 특수한 용어를 피할 뿐만 아니라 특수한 생각도 피하는 것이다. 물론 교사만이 이런 특징을 갖는 것은 아니다. 복잡한 사고(思考)는 어렵기 때문에 많은 사람들이 가능하다면 그것을 피한다. 그러나 학생들의 학습을 도와준다고 하는 교사의 중요한 임무를 생각할 때에 그들이 어렵고 복잡한 생각을 피한다는 의미를 좀 생각해 보아야 할 일이다. 피상적(皮相的)으로 보면 교사의 생각은 복잡해야 할 것 같다. 교사들이 지나치게 단순하게 되려고 노력한다는 것은 놀라운 일이다. 이것이 정당한지 어떤지 다음에서 보자.

교사들의 언어에 나타난 개념적인 단순성과 관련해서 네 가지의 문제가 있다. 교사들은 ① 사물의 인과관계를 단순하게 보려고 하고, ② 교실에서 일어나는 사건에 관해서 합리적보다 직관적으로 보려고 하고, ③ 개방적이라기보다도 특수한 교수방법을 지지하고, ④ 용어의 정의(定義)에 대해서 편협한 태도를 가지고 있는 것이다.

교사들은 그들이 경험하는 세계를 이야기할 때에 마치 하나의 원인이 하나의 결과를 낳는 것처럼 말한다. 복잡한 교실의 사건을 설명할 때에 대개 교사들은 하나의 단정적인 설명으로 그쳐 버린다. 그 학생은 왜 공부를 잘할까? 지능이 높으니까. 왜 그는 말썽이 많을까? 가정환경이 나쁘니까. 왜 요즘 학생들이 떠들까? 크리스마스가 가까워

오니까. 때로는 교사들 자신의 행동도 이렇게 생각한다. 왜 교사가 되었을까? 아이들을 좋아하니까. 그 이외의 이유를 생각하지 않는다.

이와 같이 지나치게 단순화하는 것은 우스운 일이지만 교실에서 일어나는 사건의 배후에는 너무나 복잡한 이유들이 많아서 그것들을 모두 연구하고 들추어내기는 불가능할 것이다. 모든 것을 들추어낸다 해도 우리는 어떤 학생이 왜 공부를 잘하고 어떤 사람이 왜 초등학교 교사가 되었는지를 확실히 알 수 있을까? 사건을 하나의 원인으로 설명하려는 것은 물론 짧은 생각이긴 하지만 복잡하고 혼란스러운 환경에 질서를 세워주는 장점이 있다.

복잡한 현상을 교사들이 간단하게 설명하려고 한다는 말은 그들이 모든 사물을 반드시 캐묻는 태도를 가지고 있다는 것을 의미하는 것은 아니다. 오히려 반대로 교사들은 이유를 별로 묻지 않고 사물을 받아들이려는 경향이 있다. 교실에서 일어나는 일들은 예측하기 어렵고 그 이유도 숨겨져 있기 때문에 그들을 대수롭지 않은 것으로 생각한다. 특히 이러한 태도는 일어나는 일들이 교육학적으로 바람직한 일인 경우에는 더욱 그렇다. 학생의 성적이 크게 향상되거나 행동이 좋아지는 경우에는 교사는 기뻐하고 감사하게 생각하지만 왜 이러한 일들이 일어났는지에 대해서 별로 연구하려고 하지 않는다. 큰 행운이 찾아왔을 때는 왜 왔느냐고 따지지 않는 것이 좋다고 교사들은 생각하는 것이다.

교실에서 일어나는 일들을 의심하지 않고 받아들이는 교사들의 태도는 그들의 면담에도 여러 가지로 나타나 있다. 이것은 교육적인 업무를 합리적으로보다도 직관적으로 접근하려는 교사의 태도를 말하는 것이다. 교사들에게 학급에서 하는 여러 가지 결정을 어떻게 하느냐고 물어 보았을 때에 합리적인 사고보다도 충동과 감정에 의해서 결정을 한다고 가끔 대답하였다. 다른 말로 하면 교사들은 어떤 행동을 했을 때에 그것이 옳다는 것을 알았기 때문에 했다기보다도 옳다고 느꼈기 때문에 했다고 변명하는 것이다. 수업을 자세히 분석해 보면 교사들은 악보가 없는 음악가와 같이 즉석에서 행동하는 것이다. 물론 이러한 충동적이고 직관적인 교사들의 행동은 수년의 경험에서 오는 것임을 우리는 알아야 한다.

말하자면 그들의 행동은 그들의 말보다는 훨씬 더 합리적이다. 그들은 풋내기 같으면 조심스럽게 해야 하는 일들을 암기한 것처럼 척척 해낸다. 그러나 그들이 경험 때문에 이렇게 행동하는지 아니면 처음부터 그렇게 행동해 왔는지 하는 문제는 현재 그들이 상황에 따라서 그때그때마다 적절하게 수업을 진행한다는 것 그 자체보다 중요한 것은 아니다.

비판가들은 대부분의 면담자들이 여교사들이기 때문에 여자들의 타고난 성격 때문에 그렇게 된다고 생각할지도 모른다. "여자들은 직관적이기 마련이다. 여교사들이 여자처럼 행동하는 것이 무엇이 이상하냐?"고 말할지도 모른다. 그러나 중요한 문제는 여교사들이 일반적인 여자들보다도 더 직관적이냐 라는 것보다도 이성(理性)이 발휘되어야 할 때에 불필요하게 직관적이라는 문제이다. 말하자면 우리는 교실에서 교사의 직관적인 행동이 과연 적절한 것이냐고 물어 보는 것이다. 요리사가 소금이 더 필요할 것처럼 느끼고 단순하게 음식에 소금을 조금 더 치는 것을 나무랄 사람은 없겠지만 약제사가 그런 일을 하면 큰일 날 것이다.

우리는 사물의 이유를 캐묻지 않고 충동적으로 행동하고 우유부단한 사람을 가끔 본다. 우리가 면담한 교사는 결코 그렇지는 않다. 그들이 지적으로 날카롭지는 못하지만 교수방법에 대해서는 뚜렷한 의견을 가지고 있었다.

더욱이 그들이 선택한 것을 정당하게 변명하기 어려울 때에도 고집을 버리지 않았다. 마치 예술을 좋아하는 아마추어 미술가와 같이 그들이 좋아하는 것을 왜 좋아하는지를 몰랐지만 좋아하는 것이 무엇이라는 것은 잘 알고 있었다. 교육적인 문제에 대해서 합리적인 설명을 강력하게 요청했을 때에 그들은 설명하지 못하였으나 자기네들의 적성에 맞아서 좋아서 하는 것이므로 비판하지 말라는 태도를 취했다.

그들의 직업과 관련해서 내린 결정을 정당화할 때에 대개는 개인적인 경험을 근거로 하였고 그것을 초월하는 경우는 퍽 드물었다.

교사의 언어에서 볼 수 있는 네 번째의 개념적 단순성은 교사들이 흔히 사용하는 언어를 매우 편협하게 정의하는 것이다. 교사들은 인간의 행동을 표현하는 보편적인 용어를 많이 쓰지만 이들 용어가 의미하는 것을 자세히 살펴보면 풍부한 용어의 정의 가운데서 극히 일부분의 정의만을 의미하고 있다는 것을 알 수 있다. 동기의 교육적인 의미는 학교에서 내주는 숙제를 열심히 하려는 학생의 성의를 뜻하고 그 이외의 뜻은 별로 없다. 사회적 관계라는 용어는 친구 및 교사와의 상호작용 또는 친구들로부터 얻은 인기를 의미할 뿐이다. 지적인 발달이라는 말은 시험성적이 얼마나 좋으냐 하는 것으로 통한다. 이러한 개념의 단순성은 교사가 교실에서 갖는 경험의 한계 때문일 것이다. 교사들은 대개 학생들의 무의식을 분석하거나 사회생활의 범위를 조사하거나 지적인 능력을 깊이 있게 검토하거나 하는 일을 하지 않는다. 그러므로 깊은 의미를 가지고 있는 용어들이 교사에 의해서 독특하게 편파적인 의미로 사용된다는 것은 놀라운 일이 아니다.

용어의 정의에 대한 편협성은 교사들의 개념적 단순성을 의미할 뿐만 아니라 교사의 언어가 가지고 있는 다른 하나의 특징을 나타낸다. 그것은 추상성이라고 하기보다는 현재의 구체적인 경험을 토대로 언어를 사용하는 구체성이다. 우리는 앞에서 교사들은 '여기에서 당장' 일어나는 문제에 대해서 관심이 있다는 즉시성(卽時性)이라는 것에 대해서 서술하였다. 이러한 성격은 당연한 것 같다. 교사들은 매일 계속적인 요구를 하는 학생들의 환경에 젖어 있다. 더욱이 교사는 그가 경험하는 세계의 특징을 너무나 잘 알고 있기 때문에 현실을 추상적으로 생각하기는 어려울 것이다. 결과적으로 교사들은 교육이론이나 아동들에 관한 일반적인 원칙을 그가 알고 있는 특수한 학생과 특수한 교실의 상황에 적용해 가면서 자꾸만 검토해 나가는 것이다. 특수성의 정도가 심할수록 이론과 실천의 간격을 크게 하고 교사와 교사 아닌 사람 사이의 추상적인 의사소통을 어렵게 한다.

교사가 현실적인 교실환경에 젖어 있다는 것만이 교사들의 관심을 제한하는 유일한 요소는 아니다. 교사와 학생 및 교실 사이에는 일반사람들이 주위환경에 대해서 가지고 있는 친밀성 이상의 공고한 감정적 유대가 있다. 이 때문에 교사의 관심은 많이 제한될 것이다. 물론 누구나 환경 및 주위의 친구와 유대를 가지고 있다. 이 면에서 보면 교사도 이상할 것은 하나도 없다. 그러나 교사가 교실에 대해서 가지고 있는 감정적인 유대는 우리가 보통 생각하는 것보다도 훨씬 강하다. 따라서 교사들은 목사 · 의사 또는 그 이외에 고객의 개인적인 복지를 위해서 일하는 사람들과 비슷한 점을 가지고 있다. 그러나 교사의 고객은 어린이이며 어린이와의 접촉은 다른 직업에서 볼 수 없는 밀접한 관계를 맺게 한다는 것을 잊어서는 안 될 것이다.

교사들의 현실적 감각과 교실에 대한 감정적인 애착심은 현재의 교육 조건을 그대로 받아들이려고 하는 태도를 낳게 한다. 교육혁신에 대한 교사들의 관심은 매우 약하고, 있다고 해도 주어진 여건 하에서 교실의 환경을 정돈하거나 학생집단을 재조직하는 정도로 그친다. 면담자들은 교사들에게 급격한 교육혁신을 토론할 기회를 주었으나 별로 깊은 관심을 보이지 않았다. 현상을 수락하는 이러한 태도는 교육적인 보수주의라고 할 수 있으며 교사들의 지적인 근시안(近視眼)을 표현해 주는 것이다.

어떤 사람들은 교사들의 질이 매우 낮다고 생각할지도 모르겠다. 교사들은 기술적인 용어도 모르고, 사무를 지적(知的)으로 보지도 못하고, 구체적인 현실을 떠나서 생각할 줄도 모르기 때문에 어린아이들의 지적인 성장을 감독할 만한 능력이 없다고 말한다. 그러나 우리가 여기서 잊어서는 안 될 것은 우리는 존경받는 모범교사들과 면접을 하고 이상과 같은 결론을 내리고 있다는 점이다. 어찌된 일인가? 역설처럼 보이는 이 문제에 대해서 다음과 같은 세 가지의 간단한 이유를 들어서 설명해 보자.

첫째, 증거가 잘못 해석되었을 가능성도 있다. 만약 다른 사람이 이 교사들을 면접하였더라면 다른 결론을 얻었을지도 모른다. 둘째, 이들 교사들은 행정관리나 동료들이 생각하는 것처럼 우수교사가 아닐 가능성도 있다. 그들을 평균적인 교사이거나 평균 이하의 교사일 수도 있다. 셋째, 우리가 지금 바람직하지 못하다고 생각한 교사의 언어가 전혀 바람직하지 못한 것이 아닐 수도 있다. 참된 교육을 위해서 방해가 된다고 생각한 이들 요인들이 교실에서 교사가 임무를 수행하는 데에 아무런 방해가 되지 않을 수도 있다. 교사들의 사고과정에서 단점이라고 생각된 것은 사실은 교실에서 아동생활을 지도하는 데에서 장점이 될 수도 있다

자료를 잘못 해석하거나 표본을 잘못 선택했을 가능성도 상당히 있다. 특히 세 번째의 가능성을 생각할 때에 우리는 확실한 결론을 내리는 것을 주의하여야 한다. 즉 말하자면 교사의 과실이라고 생각되는 것이 사실은 부분적으로나마 교육적인 덕이 될지도 모른다. 25명 내지 30명의 학생을 하루에 5 내지 6시간 동안, 일주일에 5일간, 1년에 40주간 돌본다는 일은 학습과정을 추상적으로 생각하는 것과는 상당히 다를 것이다. 조그마한 공간이지만 아이들로 만원인 교실에서 사건이 일어나는 속도는 놀랍게도 빠르다. 초등학교 교사는 아이들과 만나는 동안 매시간 2백 내지 3백 회의 인간관계의 상호작용을 한다는 연구가 있다. 더욱이 그 회수는 시간마다 비슷하다 할지라도 이러한 상호작용은 예측할 수도 없고 미리 계획할 수도

없는 것이다. 요약해서, 어떤 교육이론가들은 교실이 질서 있는 곳이라고 하지만 사실은 그렇지 않다. 이것은 물론 교육에는 질서가 없다는 말은 아니다. 그러나 이러한 만화경적인 사건의 뒤에 있는 구조는 피상적인 관찰을 제외하고서는 이해하기도 어렵고 교사가 마음대로 통제할 수도 없다.

교실생활의 여러 가지 요구를 잘 버티어 나가는 교사의 특징에 대해서는 적절하게 서술하지 못하였다. 그러나 이러한 특징은 확실히 모호성 · 불예측성, 매시간 25명 내지 30명의 별 성의도 없는 학생들이 만들어 내는 문제들을 관용할 수 있는 능력일 것이다. 개념적 단순성이라고 한 특징도 이러한 능력과 관계되어 있을 것이다. 만약 교사가 그들의 세계를 더 철저히 이해하고 행동이 합리적이며 교육적인 선택에서 완전히 개방적이라면, 지식인들한테서는 환영받을지 모르지만 교실에서는 효과적으로 임무를 수행할 수 없을 것이다. 이러한 합리성을 주장하다가는 어린아이들과 싸우느라고 볼 일 못 볼 것이다.

교사들에게서 볼 수 있는 생활공간의 개념에 대한 협소성도 교실의 요구에 적응하기 위해서 중요한 의미를 가지고 있다.

건망증이 심한 교수는 매력이 있을 수도 있다. 교수가 그의 연구에 충실하려면 그를 둘러싸고 있는 환경으로부터 벗어나서 오랫동안 자유로울 수 있어야 한다. 그러나 건망증이 심한 초등학교 교사는 상상하기 어렵다. 어린이들을 가르치고 있는 교사들은 마음이나 몸이나 한시라도 어린이들을 떠날 수가 없다. 학생들이 집으로 간 후에도 교사들은 학생들을 잊을 수가 없다. 교육적으로 의미 있는 자극이 조금만 주어지면 학급의 학생들이 금방 머릿속에 떠오르는 것이다.

지금까지 제시한 교사상(敎師像)에는 낭만적이고 감상적인 면이 있었다. 그 낭만주의는 지금까지 서술한 특징과 조화되는 것이다. 교사들이 말로 표현하지는 않았지만 그들은 부드러운 마음을 가지고 있는 것 같았다. 그들은 현실을 떠나서 사고(思考)하기 어려움에도 불구하고 어린이들에 대해서만은 이상적인 생각을 가지고 있으며, 인간의 완전성에 대해서 거의 신비적인 신앙을 가지고 있다. 이러한 낭만적 이상주의와 신비적인 낙관주의는 낡은 견해를 추방하는 것을 사명으로 삼고 있는 과학적 연구자들에게는 금물(禁物)일 것이다. 그러나 교사들의 마음이 이같이 부드러운 것은 우연은 아니다. 개념적 단순성과 존재

공간(存在空間)에 대한 뚜렷한 의식과 마찬가지로 낭만성도 적응적 의미를 가지고 있을 것이다. 브라우디(Broudy)와 파아머(Palmer)는 『교수방법의 예』라는 그들의 저서에서 다음과 같이 말하고 있다.

"근대의 심리학은 정신위생에 확고한 기초를 주었고, 어린이의 발달에 매우 깊은 관심을 불러 일으켰으나 문화일반이 어린이의 잠재적인 발달 가능성을 믿고 그것을 실현하려고 노력하지 않는 한 어린이의 양육을 위한 사회적 노력은 크게 성과를 거두기 어려울 것이다. 어린이 자신의 인격이 인정되지 않는 사회에서는 어린이들은 성인들의 이익을 충족하기 위한 수단으로 전락하고 어린이 시기는 매우 불행한 시기가 되고 말 것이다."

필자가 면담한 교사들은 적어도 위의 서술에 직관적으로 찬성할 것이다. 그렇다면 교사들이 면담할 때에 남긴 몇 가지 인상은 우리가 깊이 생각해 보아야 할 것들이다. 교사들의 이야기는 더 많이 들어볼 가치가 있다고 생각될 수도 있고, 또 반대로 매우 지루한 이야기로 생각될 수도 있다. 그러나 교실에 대해서 우리가 알고 있는 것을 토대로 교사들의 이야기를 들어본다면 많은 시사하는 것을 얻을 수 있다.

6

교직(教職)은 때로는 매우 합리적인 것으로 평가되기도 한다. 그런 경우에는 교사의 의사결정능력이 강조되거나 또는 그의 일이 가설을 검증하는 연구자의 일에 비유된다. 그러나 우리는 면담을 통해서 교직이 그렇지 않다는 것을 보았다. 교실의 즉시성, 교사가 교실에서 하는 직관적인 행동 등을 볼 때에 교직을 합리적인 것으로 본 과거의 견해에 의심이 간다.

교직의 합리성을 의심하는 것은 교직이 전적으로 비합리적이라거나 교실에서는 인과관계의 법칙이 들어맞지 않는다는 말은 아니다. 교실이라고 해서 인간의 다른 생활 장면과 특별히 다른 점은 없을 것이다. 다만 교사가 교실에서 이 학생 저 학생을 쫓아다니면서 지도할 때에 세밀한 사전 계획에 의한 지도, 교실 안에서 행동의 대안(代案)을 생각할 때의 신중성, 결과에 대한 평가의 엄격성 등과 같은 합리적 사고의 과정이 결여되어 있다는 것을 의미하는 것이다.

교사가 교실에서 학생을 지도할 때에 분석적이지 못한 경우가 많이 있지만 그렇지 않은 경우도 있다. 학생들을 만나기 전이나 만나고 난 후에 교사가 홀로 고독하게 있으면서 곰곰이 생각하는 시간은 과학적인 연구에 종사하는 사람과 같이 지적(知的)인 활동에 몰두하고 있는 순간이다. 그런 순간은 매우 합리적이고 분석적일 것이다.

이 때문에 우리는 교사들이 학생들과 함께 있을 때에 하는 일과 혼자 있을 때에 하는 일을 구분해서 생각해야 한다. 교사가 혼자 있을 때와 학생들과 함께 있을 때에 하는 일은 매우 다르다. 면담시에 교사들은 명백하게 이 차이를 서술하지는 않았지만 학습계획서와 실제의 지도 사이의 관계를 서술할 때에 간접적으로 서술하였다. 교실에서도 다른 곳에서와 마찬가지로 계획에 너무 집착하면 손해를 보게 되는 것이다.

교사 임무의 이러한 두 가지 차이는 매우 중요한 것이어서 이들을 이론적으로 좀 구별해서 표현하는 것이 좋을 것이다. '상호작용적 교수(相互作用的 敎授)'와 '사전활동적 교수(事前活動的 敎授)'의 두 가지 용어로 표현할 수 있을 것이다. 학생들을 상대로 하는 지도가 상호작용적인 교수요, 빈 교실에서 학생들이 없을 때에 교사가 하는 일이 사전활동적 교수이다. 이 구분은 그대로 넘기기 쉬운 교수과정의 일들을 이해하는 데 도움이 되는 것이다.

교사가 학생들의 앞에 서면 교사와 학생 사이에 지적으로 상호작용이 일어난다. 지금까지 이야기한 자발성·즉시성·비합리성·불확실성·불예측성, 심지어는 혼란까지도 나타난다. 얼핏 보아서는 인간이 변화한다는 신비성에 대한 교사의 기쁨이나 낙관주의가 조직적인 교실에서 나오는 것은 이상한 것처럼 보인다. 매우 형식적인 기관의 틀 속에서 그러한 일이 일어나는 것은 역기능적인 것으로도 보인다. 고도로 합리적이고 현실지향적인 사람이 부드러운 마음과 낭만적인 성격을 가지고 있는 사람보다도 교사의 임무를 더 잘 수행할 것같이 생각된다. 그러나 교실생활을 자세히 보면 그렇지도 않다. 지적 수준이 낮고 감상주의에 젖어 있는 현재의 초등학교 교사들이 인간공학자(人間工學者)들보다도 임무를 훨씬 더 잘 수행한다는 것을 우리는 곧 알게 될 것이다.

지금까지 논의한 세계관이 교육적으로 유익한 것이 되기 위해서는 제도에서 오는 해독을 제거할 수 있는 행동들을 격려해야 한다. 차라리 교사들은 비합리적인 존재가 됨으로서 학교라는 제도에서 오는 냉정성을 부드럽게 하는 데 도움이 될 것이다. 짜여진 시간표와 객관식 시험 등 복잡하고 딱딱한 세계에서 교사의 인정이 그리워지는 것이다.

교사들은 집단생활에서 흔히 있는 익명성과 고립으로부터 학생들을 보호할 수 있다.

첫째, 가장 중요한 것은 교사들이 학생들의 이름을 알게 된다는 것이다. 교사들은 학생들의 독특한 상황에 맞게 가르쳐야 좋은 성과를 얻을 수 있다. 단순히 교사의 역할을 수행하는 사람으로서보다도 한 사람의 인간으로서 학생들에게 접근할 때에 학생들은 보람을 느낄 수 있을 것이다.

둘째, 어떤 교실에서는 교사들은 학생들을 한 사람의 인간으로서 알고 있을 뿐만 아니라 그들을 그렇게 돌보아 준다. 학생들이 성공하면 기뻐하고 실패하면 실망한다. 때로는 이러한 일이 순수하지 않고 하나의 제스처일 수도 있다. 그러나 그렇다 할지라도 학생들에게 전혀 효과가 없는 것은 아니다. 학생들은 대개 경쟁을 하느라고 열심히 하는데 '누구'에게 보이려고 경쟁하는 것인가? 대개 '교사' 때문이라고 해도 좋을 것이다.

교사가 학생들에 대해서 마음을 쓰는 다른 하나의 면은 학생들이 있어야 할 자리에 없을 때에 교사는 그대로 있을 수 없게 되는 점이다. 교사가 없으면 수업을 할 수 없지만 한두 사람의 학생이 없어도 수업을 하는 데는 별 지장이 없다. 그럼에도 불구하고 학생이 결석하는 경우에는 교사는 결석하는 상황을 자세하게 물어본다. 이런 과정을 통해서 학생들은 자기들의 출석이 매우 중요하다는 것을 알게 되는 것이다.

셋째, 그리고 마지막으로, 인간은 실수를 할 수 있다는 것을 교사들은 학생들에게 알림으로서 날카로운 교실생활을 좀 완화시킨다. 시간이 되면 자동적으로 종을 치는 기계장치와는 달리 교사는 때로는 화를 내고, 웃기도 하며, 실수를 저지르고, 당황하기도 한다. 텔레비전을 통해서 강의하는 교사 또는 달리 현장의 교사들은 모르는 것은 모르고, 잘못 가르친 경우에는 틀렸다고 고백한다. 이와 같이 교사들은 지식의 소유를 인간화할 뿐만 아니라 그 한계도 보여 주는 것이다. 이렇게 해서 추상적인 학습목표가 인간적인 차원으로 변화되는 것이다.

이제 어떤 독자들은 과거의 초등학교 생활을 회상하면서 교사에 대한 지금까지의 논의는 교사를 너무 낭만적으로 이상화하고 있다고 비난할 것이다. 많은 교사들이 학생을 겉으로만 돌보는 체하며, 학생들이 보이지 않을 때에는 그들을 보고 싶어 하지도 않는 것은 사실이다. 또 교사들이 저지르는 실수가 너무 많아서 학생들이 따라갈 수 있는 인간적인 모형의 역할을 하기보다도 놀림감이 되는 경우도 있다. 또 교사들은 행정관청의 시녀노릇을 하여 딱딱한 집단생활을 완화하는 해독제(解毒劑)와 같은 역할을 교사에게 바라는 것은 꿈과 같은 망상이 되어버리는 경우도 있다.

그러나 현실은 이러한 두 극단의 중간에 있을 것이다. 극단적인 양쪽의 경우도 물론 교실에 있을 수 있다. 문제는 만약 교사가 교실생활의 마찰을 완화시키기를 원한다면 그렇게 할 수 있는 권한이 그에게 있어야 한다는 점이다. 그리고 지금까지 논의한 교사의 특징과 세계관은 교실에서 일어나는 일들을 이해하기 위해서 교사에게 필요한 자연적인 필수요소인 것 같다.

교사만이 학교생활을 즐겁게 할 수 있는 사람은 아니다. 대부분의 교실에는 학교 밖에서나 안에서나 영향력을 행사하는 동료집단이 있다. 이들은 학교에 대한 저항감을 강화하고, 권위를 비웃고, 규칙을 문란케 하기도 하지만 제도에 얽매어 불쾌해진 집단생활의 고통을 덜어주는 역할을 한다. 교사로부터 미움을 받고 있는 학생, 엄한 학교의 규칙 때문에 고통 받고 있는 학생들이 동료집단으로부터 위안을 받는다.

교사·동료집단 또는 그 이외의 어느 것으로부터이든간에 학생들은 학교라는 제도에서 개인적인 가치를 실현하고 의미를 발견하기 위해서는 누군가로부터 보호를 받아야 한다. 교실의 딱딱한 분위기는 실로 괴로운 것이다. 가정이나 운동장에서의 놀이가 아무리 재미있어도 교실의 고통을 보상해 주지는 못한다. 학교가 학생에게 주는 영향은 너무 커서 방과 후에 일어나는 일을 가지고 학교의 영향을 없애기는 불가능하다.

끝으로, 이 논의는 교사의 역할이 근본적으로 모호하다는 것을 시사하고 있다. 어느 의미에서 교사는 한편으로는 학교를 위해서 일하고 있으면서 한편으로는 학교에 반대하여 일하고 있는 것이다. 그는 학교와 개인의 두 군데에 충성을 바쳐야 하는 것이다. 이러한 이중적인 역할이 교사라는 직업을 특색 있게 한다. 사회학자 쿨리(Charles H. Cooley)는 일찍이 다음과 같이 지적하였다.

"기관(機關)은 성숙하고 전문적이며 경직한 사회구조의 일부이다. 그것은 인간으로서 구성되지만 특수하게 훈련된 인간의 일부분만이 여기에 참여할 뿐이다. 기관에 비하면 인간은 전체성을 가지고 있다. 인간이 기관의 단순한 일부라면 그는 인간이 아니다. 인간은 인간성을 가지고 있어야 하는 것이다."

쿨리의 말을 빌리면, 교사가 학교라는 기관의 단순한 일부일 때에 그는 전혀 교사가 아닌 것이다. 그는 사무적인 한계를 넘어선 따뜻한 인간애의 소유자이어야 한다. 어떤 교사들은 이 사실을 인정하고 그렇게 행동한다.

제4장

반성과 전망

조그마한 도움이 매우 중요하다……
사람들이 조그마하다고 생각하는 일들이
때로는 그들이 그렇게 생각하는 것보다
훨씬 큰 경우가 많다.
시간이 흘러감으로써
때로는 그것이 거대하게 되는 것이다.

- 월터 텔러(Walter Teller) -

반성과 전망

이 장의 목적은 지금까지 교육자들이 어려운 일이 있을 때에 의지해 온 이론들이 우리가 생각했던 것만큼 도움이 되지 않는다는 것을 말하려는 데 있다. 특히 학습이론이나 인간공학(人間工學)의 이론들은 많은 사람들이 생각했던 것보다는 교육실천가들에게 도움이 되지 않는다.

이러한 이론들을 교실에서 일어나는 현실적인 사건들을 해결하기에는 적합하지 않다. 또 임상심리학자들의 이론도 교사의 업무와 많은 관계가 있기는 하지만 교실에서 일어나는 일을 이해하는 데는 별로 도움이 안 된다.

이제 우리는 교사의 세계를 새로운 관점에서 보지 않으면 안 된다. 이러한 운동은 오래전에 이루어져야 했음에도 불구하고 이제 겨우 시작되고 있다.

1

상식적으로 생각하면 교수와 학습은 밀접하게 관련되어 있어서 한쪽을 이해하면 다른 쪽은 저절로 이해될 것같이 보인다. 학습에 대해서 알아야 할 모든 것을 알았다면 교수에 대해서도 알아야 할 모든 것이 거기에 있을 것처럼 생각된다. 심리학자들과 교육학자들은 이 견해를 오랫동안 지지해 왔다. 또 과학적인 학습이론은 교실에서의 교사의 업무를 개선하는 데 있어서 직접적으로 도움이 될 것으로 기대되었다.

그러나 모든 교사들이 아는 것과 같이 이 희망은 아직도 이루어지지 않고 있다. 반세기의 오랜 연구와 복잡한 학습이론의 발달에도 불구하고 초등학교 교사의 업무는 크게 달라진 것이 없다. 몇 개의 학습이론을 교실에 적용해 보려고 노력하였지만 상식적인 것 이상의 설득력을 갖지 못했다. 교육자들이나 심리학자들은 학습이론이 현장에 잘 맞지 않는다는 문제를 많이 지적하여 왔다. 거기에는 몇 가지 이유가 있다. 그 중의 하나는 학습이론은 대개 쥐와 같은 하등동물을 대상으로 실험하기 때문에 그러한 실험에서 나오는 이론에는 한계가 있다는 점이다. 인간은 다른 동물보다 복잡하기 때문에 행동규칙도 다른 동물과 다르다. 다른 하나의 설명은 학습과제의 복잡성이 다르다는 것을 중심으로 논의하는 것이다. 학습 이론가들의 지식은 단순한 기능과 인위적인 목적을 달성하는 데에 응용되고 있다. 많은 교육자들은 이러한 지식은 복잡하고 개인적으로 의미 있는 활동을 찾는 인간에게는 적용되기 어렵다고 생각하고 있다. 이러한 주장을 하는 사람들은 실험실에서 인간이 실험되더라도 그러한 실험이 현실적으로는 별로 의미가 없는 것이라고 말하고 있다.

학습이론의 제한성을 주장하는 세 번째의 이유는 통제된 실험실의 상황과 복잡한 현실 환경이 서로 다르다는 것이다. 실험실에서는 외부적인 영향이 통제되기 때문에 비자연적인 환경에서 행동을 관찰하는 것이다. 실험실의 연구원과는 달리 교사는 실험실에서와 같은 변인의 통제를 할 수가 없다. 결국 교실 이외의 장소에서 발전되어 나오는 학습이론은 교실에서는 그 유용성이 제한될 수밖에 없다.

이상과 같은 세 가지의 비판은 실험실과 교실환경의 차이를 그 이론적 기초로 내세우고 있다. 표집 · 학습목표 · 환경의 구조 등에 있어서 실험실의 학습 이론가들은 비록 과학적으로 변명할 수는 있지만 교실에서 진행하는 수업에는 실제로 적용하기 어려운 제한점을 가지고 있다는 것을 부인하기는 어렵다. 이러한 세 가지의 이유 이외에 또 우리는 다른 두 가지의 이유를 생각할 수 있다.

복잡한 환경에서 복잡한 목적을 달성하기 위하여 복잡한 인간과 씨름하고 있는 교사의 업무는 우리들이 생각하는 것 이상으로 그의 일이 복잡하다. 교사는 또 집단을 상대로 한다. 이러한 학급의 사회적 성격을 생각할 때에 실험실에서 동물을 상대로 하는 학습이론은 교실에 응용하기가 더욱 어려워진다.

학습 이론가들은 대개 개별적인 대상을 상대로 한다. 그들이 비둘기나 쥐를 집단적으로 훈련하는 것은 매우 드문 일이다. 말하자면 그들은 교실의 교사라기보다도 가정교사와 같은 역할을 하는 것이다. 연구 목적을 위해서 그는 이렇게 하지 않을 수 없을 것이다. 그러나 이렇게 해서 나오는 연구의 결과는 20명 내지 30명을 대상으로 하는 교사들에게는 적합하지 않게 된다. 연구원과 마찬가지로 교사도 때로는 개인지도를 한다. 그러나 그런 경우에는 교사는 언제나 다른 사람의 존재를 마음속에 생각하고, 거기에 행동을 적응시키려고 한다. 교사가 집단토론을 지도하고, 새로운 단원을 소개하고, 시범을 보이고, 학생위원회를 지도하고, 시험을 실시할 때에 교사는 학급의 사회적 성격을 무시할 수 없다. 그러한 경우에 학습이론가의 이론은 별 도움이 되지 않는다.

교사업무의 사회적 성격에 대한 이상과 같은 논의는 교수와 학습의 관계에 대하여 더 중요한 의문을 제기한다. 교사의 업무 범위가 넓고, 학교에서 보내는 시간이 많으므로 우리는 교사의 일차적인 관심이 과연 학습에 있는지 의심하게 된다. 이것은 얼핏 들어서는 매우 이상한 것같이 들리지만 이 문제를 생각함으로서 왜 교사들이 형식적인 학습이론에 흥미가 없는지 알게 된다.

교수와 학습을 구분하려는 것에 대해서 전문가들과 비전문가들은 모두 반대할 것이다.

만약 교사가 학습에 일차적인 관심이 없다면 무엇에 관심이 있는가? 교수의 주요한 목적이 학습을 증진시키는 것이라는 점에 대해서 논쟁할 사람은 아무도 없을 것이다. 때때로 교사들은 잡부금을 걷고, 출석을 부르고, 물건을 나누어주는 일도 하지만 교사의 핵심적인 업무는 무식한 상태에 있는 학생이 보다 많은 지식을 갖도록 지도하는 것이라고 할 수 있을 것이다. 만약 그것이 학습이 아니라면 무엇인가?

이 문제는 교실에서 학생들을 매일 상대할 때의 관심인 일차적 관심에 중점을 두느냐 아니면 학생들의 장기적인 발전에 관한 교사의 관심인 궁극적인 관심에 중점을 두느냐의 문제로 생각할 수 있다. 저학년의 교사는 학습 지향적이라기보다도 활동 지향적이다. 교사들은 바람직하다고 생각되는 활동을 하나 정하고 학생들을 여기에 몰두하게 한다. 학습은 확실히 중요한 일이지만 교사는 다른 일에 바빠서 가끔 학습의 중요성을 잊어버리기 쉽다.

교사와 학생이 상호작용을 하는 과정에서 교사는 그가 하는 수업의 결과를 정확하게 생각하지 않은 채 좋다고 생각하는 것을 학생들에게 하도록 요청하는 경향이 있다. 이른바 행동목표를 중요시하는 사람들은 이러한 정확성의 결여를 교육적인 단점이라고 할지도 모른다. 그러나 지금까지 이 책에서 서술한 교실생활의 특징으로 보아서 이러한 비판은 너무 성급한 것이다. 교실에서 보내는 시간, 교실에 있는 학생의 숫자, 교과목의 숫자와 같은 것을 생각할 때에 교사는 어느 정도 정확성을 기해야 할 것이지만 그 이외의 것에는 숫자적인 정확성은 별 의미가 없다.

어느 면에서는 학생의 학습에 관한 교사의 관심은 아이의 영양(營養)에 관한 어머니의 관심과 비슷하다. 대부분의 어머니들은 그들의 자녀들이 건강하기를 원하고 공급하는 음식의 질과 자녀의 건강상태의 관계를 알고 있다. 그러나 음식을 준비하는 과정에서 영양가는 매우 넓은 의미로 해석된다. 비용 · 편의 · 심미성(審美性) · 독특한 맛 등과 같은 여러 요인이 특정한 음식의 선택에서 모두 고려된다. 인간은 적응력을 가지고 있기 때문에 신경을 안 써도 대개의 경우 가족들은 건강하게 된다.

어머니와 같이 교사들도 학생들의 성장에 대해서 일정한 책임이 있다. 그들도 그들의 활동과 교육목적 달성의 관계를 이해하고 있다. 그러나 교실에서 시시각각으로 어떤 일에 대해서 결정을 해야 하는 경우에 교사들은 학습 자체의 과정을 늘 마음속에 생각하지는 않는다. 오히려 교실의 특수한 상황에 따라서 경험에 의해서 적절하게 결정하게 되는 것이다. 그러나 이런 가운데서 대부분의 학생들은 정상적으로 성장한다.

부모와 교사의 일을 이렇게 비교하는 것은 교육의 침체

성(沈滯性)을 변명하는 것으로 오해받을 수도 있다. 그러한 의도로 비유한 것은 아니다. 교육이 현재보다 개선될 수 없다고 생각해야 할 이유도 없으며 교실이 부엌이나 병원보다 더 지저분해야 할 이유도 없다. 다만 교사들은 넓게 보면 학습이론의 모형에 따라서 행동하지만 학습이론 그 자체에 대해서는 간접적으로만 관심이 있다는 것을 지적하고 싶었을 뿐이다. 최근에는 학습이론이 지나치게 발달하여 대개의 교사가 알아야 하거나 알고 싶어 하는 것 이상으로 학습에 관한 지식을 공급하고 있다.

2

때때로 산업 · 정부 및 응용과학 분야에서 기술발전을 가져오는 정신(精神)과 학교의 운영을 조화하도록 하려는 운동이 전개된다. 이러한 운동은 특정한 개인이나 집단에 의하여 전개된다기보다는 일반적인 여론으로부터 나타난다.

이름을 함부로 붙이는 것은 위험한 일이지만 오늘날 학교를 변화시키려고 하는 운동은 '공학적' 관점을 대표하는 것이라고 이름 붙일 수 있을 것이다. 이러한 이름이 부정확하다 할지라도 교사의 업무를 변화시키려는 최근의 영향을 이해하기 위해서 적절하다고 생각된다. 이 운동의 이해를 총괄적으로 평가하는 것은 이 책의 범위를 벗어나는 것이지만 공학적인 이론이 교실에 적용되는 데는 한계가 있다는 것을 밝히는 것은 이 책의 범위에 속하는 일이다.

진보주의이건 행동주의이건 모든 교육철학은 일련의 가치체계와 이들 가치체계를 실현하려고 하는 교육적인 절차를 가지고 있다. 이러한 가치들은 때로는 명백하게 서술되면서 공개적으로 옹호되고 때로는 암시적이지만 이들 가치들에 대해서 누구나 심각하게 도전하지는 않으며, '주어진 것'으로서 받아들인다. 가치와 이들 가치를 옹호하는 방법론은 특수한 교육문제 및 교육방법과 관련된 도덕적 입장을 형성하는 것이다.

공학적인 관점의 핵심적인 가치는 기계의 유효성을 판단하거나 또는 전투적인 목적을 효과적으로 달성할 수 있는 계획을 평가하는 데에 있다. 첫 번째의 질문은 "그것이 잘 움직일까?" "일을 잘 끝마칠까?"하는 것이다. 유효성(有效性)에 중점을 두는 이 질문은 주로 실행되어야 할 일과 이루어져야 할 목표와 관련되어 있다. 다음 질문은 절차의 효율성과 관련되어 있다. 일이 진행될 것을 확인한 후에는 속도 · 정확성 · 정밀성 및 경제성이 문제가 된다. 이들 질문은 주로 에너지 및 비용의 절약과 관계되어 있다. 이 견해에 따르면 이 세상의 모든 일은 불필요한 움직임을 피하면서 되도록이면 값싸고 빨리 끝마쳐야 한다.

이러한 원칙이 교육에 적용될 때에 교사들은 그들의 교육목적을 가능한 한 정확하게 서술하도록 요청받는다. 그들은 목표가 '행동적인 용어'로 표현되어야 그 달성도를 측정할 수 있다고 주장한다. 교사가 교육목표를 얼마나 달성했는가를 측정하는 것은 이들의 두 번째 관심사이다. 교사들은 그들의 목적지를 밝혀야 할뿐만 아니라 그들의 현재 위치가 지금 어디에 있다는 것을 정기적으로 밝혀야 한다. 끝으로 학생과 교사들은 목표가 결정되면 길에서 방황해서는 안 된다. 교사가 무엇을 해야 하고 어떻게 해야 하는 것을 알고 있는 이상 빨리 움직여야 하고, 필요 이상으로 에너지를 낭비해서는 안 된다.

아래에서 지나간 20년 내지 30년 동안 교육문제의 토론과정에서 그들이 추천한 몇 가지를 생각해 보자. 그들은 교육측정이론 · 교육과정이론 · 교육공학의 발달 등에 공헌하였다. 교육공학자들은 교사들이 이상과 같은 교육의 원칙들을 찬성하고 그에 따라서 행동함으로서 교육이 발전할 것이라고 예상하였다. 이 이론은 교수를 예술로부터 과학으로 변화시키는 것이었다.

여기에는 논리적인 이유가 충분히 있다. 그렇게 함으로서 교육적인 이익이 크다는 것도 부인할 수 없다. 객관식 문제의 출현도 그러한 예의 하나이다. 교과서와 교재의 개발도 그러한 방법에서 온 것이다. 그 공헌이 명백함에도 불구하고 교육공학적 이론의 장점을 의심하는 것은 어리석은 일인지도 모르겠다.

그러나 우리는 이러한 사고방식의 제한을 한 번 생각해 보아야겠다. 교사들은 교육목적을 서술하고 학생들의 성적을 평가함에 있어서 얼마나 정확해야 할 것인가? 비효율성과 낭비의 개념은 교육에 있어서도 자동차 엔진의 발명에 있어서와 같이 중요한가? 교육에는 공학적으로 분석하기 어려운 점이 혹시 없는가? 공학적인 개념은 교실의 수업을 설명하는데 아무런 제한이 없는가?

수업과정을 보는 하나의 방법으로서의 공학적인 이론의 약점은 그것이 초등학교 교실에서 진행되는 일들을 지나치게 단순화해서 보려고 한다는 점이다. 수업은 단순히 교육목표를 서술하고, 그 목표를 그대로 교실에서 실천하기 위한 노력보다는 훨씬 복잡한 요인들을 포함하고 있다. 교사가 20명 내지 30명의 서로 다른 학생들을 상대해야 하고, 1년에 1천 시간을 이 일로 보내며, 4내지 5개의 교육과정 영역에서 이 일을 담당해야 한다는 것을 생각할 때에 매 시간마다 그의 위치를 예정된 대로 정확하게 지킨다는 것은 거의 불가능한 일이다. 교사는 그가 달성하려고 하는 것이 모호할 때도 있을 것이다. 모든 학생들이 각 영역에서 현재 어떤 위치에 있는가를 교사가 알아야 한다는 것은 비합리적인 일이다.

이것은 교사들이 학습이론에 의존하지 않는다는 말과 같으며 결국 교직의 특수성을 의미하는 것이다. 이 때문에 실험실의 연구원들이 연구한 이론과 방법을 많은 일선 교사들이 현장에 이용할 수가 없는 것이다. 가장 간단하게 말하면 교사에게는 학습이론이나 교육목표의 이론에 귀를 기울일 수 있는 시간적 여유가 없다. 20명 내지 30명의 학생들과 씨름하는 동안 교사들은 그들이 하는 일이 학습 이론가들이나 교육과정 전문가들의 주장에 맞는가를 보지 않더라도 할 일이 너무나도 많다.

교사들의 업무를 이렇게 서술하는 것은 정확하기는 하

지만 이것으로 교사의 입장이 모두 설명된 것은 아니다. 교사들이 하루에 몇 시간의 여유를 더 갖게 되고, 학급의 학생수가 줄어든다고 해서 공학자들의 주장대로 할 수 있는 것도 아니다. 바쁘다는 것은 중요한 하나의 이유이기는 하지만 그 전부는 아니다. 교사들은 학습 이론가들이나 여기서 교육공학자라고 부르고 있는 사람들이 생각하는 것과는 질적으로 매우 다른 활동에 종사하고 있는 것이다.

이미 보아 온 바와 같이 수업은 순간적인 활동을 대상으로 한다. 학생과 교사는 수업이 어떠한 방향으로 진행될지 정확하게 예측할 수 없다. 계획이 변경될 가능성은 얼마든지 있고, 뜻하지 않게 교육목표가 달성되기도 한다. 노련한 교사는 이러한 기회를 이용한다. 토론이 절정에 오르면 계획된 시험시간을 연기할 수도 있으며, 수학문제가 예상외로 어려워지는 경우에는 시간을 더 내기도 한다. 만약 운동장에서 싸움이 벌어지면 교사는 다음에 계획된 수업을 연기하고 훈계할 수도 있다. 교사들은 계획을 세우기는 하지만 변경할 것을 늘 예상하고 있다.

이상은 학급 전체를 대상으로 하여 고찰한 것이지만 교사-학생의 상호관계를 개인을 중심으로 미시적(微視的)으로 보아도 마찬가지이다. 곁길로 빗나간 학생들의 생각, 갑자기 떠오르는 통찰력, 엉뚱한 행동 등이 늘 정상적인 수업을 방해하는 것이다. 노련한 교사들은 이러한 것이 자연적인 현상의 일부라고 생각한다. 앞장에서 서술한 교사들의 이야기를 들으면 교사들은 사실상 이러한 환경에서 일하는 것을 즐겁게 생각하고 있으며, 예측하지 못한 일로 계획이 변경되는 것을 오히려 기다리고 있는 것 같다. 이것이 참된 의미의 교육일 것이다.

교실생활의 불확실성은 예기치 못한 사건에만 있는 것이 아니다. 교사의 결정과 관련된 특수한 상황에도 있다. 예컨대 말썽이 있는 학생의 부모를 학교에 소환하려는 결정을 교사가 할 때에 그는 부모가 이 결정에 응할지, 학생이 이 사건 때문에 교사를 어떻게 생각할지, 학급의 다른 학생들이 어떠한 반응을 보이게 될지를 생각해 보지 않을 수 없다. 또 사회과 시간에 "미국 인디언"에 관한 이야기를 마치고 다음으로 넘어가야 할지를 결정할 때는 학생들의 흥미 · 연간계획 등을 고려해야 할 것이다. 사소한 것처럼 보이는 교사의 행동도 사실은 매우 복잡하다. 손을 들고 있는 학생 중에서 누구를 지명할 것인가를 결정하는 경우에는 언제 누구를 지명했으며, 누가 아직 한 번도 지명을 받지 않았으며, 누가 정답을 하고, 누구를 시켜야 잠에서 깨어나게 할 수 있을까 등을 고려하지 않으면 안 된다.

이러한 이야기는 교사의 업무가 어렵다는 것을 말하기 위해서 하는 것은 아니다. 단지 매우 합리적인 것처럼 보이는 교수모형이 그대로 교실에 적용되기 어렵다는 것을 말하기 위해서 하는 것이다. 교사는 그의 업무가 복잡하기 때문에 불확실성과 모호성을 불가피하게 관용하는 것을 배우지 않으면 안 된다. 교사는 그가 알고 있는 것을 행하는 것으로 만족할 것이 아니라 그가 느끼거나 생각하는 것이 특수한 상황에서 가장 적합한 것인가를 끊임없이 생각하지 않으면 안 되는 것이다.

교사가 하루의 일을 반성할 때에, 그는 단순히 교육목적이 달성되었다고만 해서 만족할 수는 없을 것이다. 교사들은 칭찬과 꾸중에서 공정했는가? 일어났던 사건들의 핵심을 잘 파악했는가? 학생들에게 요구한 규정에 대해서 일관적이었던가를 반성한다. 말하자면 교사들은 교육목적을 달성했는가에 대한 관심과 마찬가지로 그들이 수행한 행동의 스타일과 질도 생각해 보는 것이다. 그런 경우에는 공학자들이 주장하는 속도 · 유효성 · 정확성 · 경제성 등은 교사들의 마음에 중요한 자리를 잡고 있지 않다.

교사들이 '행동적인' 목표를 정확하게 서술하려고 하지 않거나 하지 못하는 경우에 이것이 교사들의 객관성을 저해하고 있는 증거라고 비판하는 사람들이 있다. 그러한 비판가들은 행동적인 서술의 반대는 주관적인 서술이며, 주관적인 서술은 객관적인 세계에서 일어나고 있는 일들과 별로 관계가 없다고 한다. 이 비판은 부분적으로는 옳다. 많은 교사들을 그들이 달성하려고 하는 결과에 대해서는 별로 관심을 갖지 않는다. 그러나 일면에서 교사들에게는 행동 지향적인 면도 있다. 교사가 학생들의 눈동자를 볼 때에 그는 진짜의 주의집중과 가짜의 주의집중을 구분할 수 있다. 말하자면 행동을 중요시하는 것이다. 피곤한 모습, 축 처진 눈썹, 초점이 없는 눈동자 등은 교실에서 있어서는 안 될 것이며, 흥미 있는 표현, 흔드는 손, 초점을 맞추기 위하여 주름 잡힌 눈 등은 일이 제대로 되어가고 있다는 것을 말해 주는 것이다. 교사들은 교실의 이러한 언어를 해석할 줄 알며, 그들이 할 수 있는 범위 안에서 객관적인 사실의 세계에 접근하고 있는 것이다.

끝으로 학교는 시간을 낭비하는 장소라고 주장하는 사람들은 학교에서의 속도·유효성·경제성 등을 문제 삼는다. 사실 교사들이 이런 문제에 대해서 별로 큰 관심을 가지고 있지 않다는 것은 현재의 우리의 교육제도가 가지고 있는 가장 중요한 약점이기는 하다. 그러나 무엇을 두고 시간의 낭비라고 하는지 좀 더 검토해 보아야 한다.

시간은 세 가지 측면에서 낭비될 수 있다. 첫째, 필요 이상으로 일을 천천히 할 때에, 둘째, 필요한 활동을 안 함으로써, 셋째, 하고 난 다음에 이미 한 일이 불필요했다는 것을 알게 될 때에 시간이 낭비된다. 또 시간이 실제로 낭비되지 않을 때에 시간이 낭비된다고 느낄 수도 있고, 실제로 낭비될 때에 낭비되지 않는다고 느낄 수도 있다. 시간의 낭비 및 그 감정에 대해서 이상과 같은 다양한 형태를 생각할 때에 학교에서 시간이 낭비된다는 것은 매우 복잡하게 된다.

개인적인 면에서 보면 정해진 목표보다 일의 진행이 늦어서 시간이 낭비되는 경우가 시간 낭비 중에서는 가장 고통이 작은 경우에 해당한다. 늦기는 해도 일이 잘 진행되어 가면 그런 대로 괜찮다. 고속도로에서 차의 행렬이 천천히 움직이는 것은 이러한 종류의 불만이다. 자동차가 완전히 스톱하여 움직이지 않을 때는 불만은 더 커진다. 경적을 울리고 운전수는 창밖으로 목을 내민다. 그러나 가장 괴로운 것은 지금까지의 여행이 전혀 헛수고였다는 것을 알게 될 때이다.

우리가 자주 경험하는 위와 같은 일은 교실에서도 비슷하게 일어난다. 학생들은 필요 이상으로 수업의 속도가 느리다고 생각할 수도 있고, 어떤 일을 하고 싶은 순간에 아무 것도 하지 않고 가만히 앉아 있어야 할 때도 있고, 그들이 하고 있는 일이 무엇인지 전혀 이해하지 못하는 경우도 있다. 위의 어느 경우에나 시간이 낭비되고 있다는 것을 느낄 것이다. 그러나 심리적으로 보면 첫 번째의 감정은 나머지 두 가지의 감정처럼 심하지는 않을 것이다.

학교에서 생각할 수 있는 시간의 낭비가 주로 이상과 같은 것이라면 그것은 별로 중요한 것이 아니라는 것을 알 수 있다. 그 이유는 다음과 같다. 만약 학생들이 속도를 낸다면 더 많은 것을 배울 수 있는 것은 사실이지만 그렇다고 해서 교실에서 시간을 낭비하고 있다는 감정이 사라지지는 않을 것이다.

교실에서 왜 '시간 낭비'가 일어나는가에 대한 학급의 몇 가지 특징을 이 책에서 지적한 적이 있다. 헤아릴 수 없이 많은 중단 · 지연, 통행을 방해하는 긴 줄, 강제 출석, 미래의 기쁨에 대한 기다림 등이 그러한 것들이다. 이 요인들은 학교라는 기관의 성격과 학급 학생들이 시간을 낭비

한다는 생각을 갖게 될 것이다. 그러나 모든 교사들이 아는 것처럼 학생들을 바쁘게 만들고, 불필요한 지연을 덜어준다고 해서 시간낭비에 대한 감정이 없어지는 것은 아니다. 학생들에게 강제출석이 결국 가치 있는 일이며, 그들이 바쁘다고 생각하는 일은 사실은 '바쁜 일'이 아니라는 것을 확신시키는 일이 보다 더 중요한 일일 것이다. 궁극적으로는 이 문제는 심리적인 문제이다. 그러므로 심리적인 면에서 시간을 절약하는 방법을 강구하는 것이 학교가 제도적으로 마련하는 어떠한 조치보다도 더 효과적일 것이다.

3

교사들에게 도움이 필요한 또 하나의 전문적인 의견은 임상적인 심리학자나 정신건강 전문가들의 의견이다. 논리적으로는 그러한 사람들은 교사들이 당면한 문제를 많이 도와줄 수 있다. 임상가(臨床家)들은 학습이론가와 공학자들의 냉정한 이론에 반대한다. 따라서 사소한 일로 매일 씨름하는 교사들에게는 많은 충고를 줄 수 있을 것이다.

교육에서 정신건강이 중요하다는 것은 누구나 부정하지 않는다. 교사들이 심리학적인 지식을 많이 갖게 됨으로서 교실에서는 옛날에 볼 수 있었던 잔인한 행동들이 사라져 갔다. 어떤 사람들은 아동의 '필요를 충족'시키는 교육을 비판하기도 하지만 전인적(全人的)인 인간을 형성하려는 노력은 교육에 좋은 영향을 주었고 정신건강운동은 여기에 많이 공헌하였다.

정신건강운동은 이러한 장점이 있지만 그것을 교실에 적용하는 데는 한계가 있다. 이 한계는 주로 임상가와 교사의 관심이 서로 다른 데서 오는 것이다. 임상가는 병리적인 현상에 관심이 있으나 교사는 정상적인 아동에 관심이 있다. 교사는 병리적인 행동이 나타날 때에 수업을 진행할 수 없지만 그것을 고치기 위해서 교사가 존재하는 것은 아니다. 그러나 정신병의 치료자들은 병리적인 행동을 위해서 그들의 직업이 존재하는 것으로 생각한다. 병리적인 것과 정상적인 것은 때로는 구별하기 힘들며 정상적인 행동도 병리적인 면을 포함하고 있다는 주장도 있다. 그러한 모호성을 인정한다 해도 교사가 학생을 보는 견해는 정신병 치료자가 환자를 보는 견해와는 다르다. 만약 교사가 임상가의 의견을 취한다면 그는 진짜 할 일을 못하게 될 것이다.

인간의 행동을 보는 데에도 차이가 있다. 물론 교사와 임상가는 모두 사람이 생각하고 느끼는 것에 관심이 있지만 교사는 학생들이 사회적·이념적·자연적 환경에 잘 적응해 나가도록 지도하는 책임을 지고 있기 때문에 정신병 치료자들보다는 인간의 전체적인 능력의 개발에 더 많은 관심을 가지고 있다.

임상가들은 환자들의 행동을 잘했다든지 잘못했다든지 평가를 해서는 안 된다고 주장한다. 교실에서의 가혹한 시험을 생각하면 임상가들의 이러한 충고를 들을 만하다. 그러나 교사는 학생들의 지적인 성장을 도와야 하기 때문에 시험이 없이는 일을 해 나갈 수가 없다. 문제를 틀리게 푸는 줄 알면서 맞는다고 거짓말로 칭찬만 할 수도 없는 노릇이다. 교사가 칭찬을 많이 한다 해도 학습시에 교사가 재판관의 역할을 한다는 것을 부인할 수는 없다.

또 교사는 언제나 학생 개인과 학급 전체의 두 가지를 상대해야 하기 때문에 임상가와 다르다. 임상가는 학습이론가와 마찬가지로 한 때에 한 사람을 상대로 한다. 그리고 정신병치료는 단체적으로 행하여지는 일은 거의 없다. 이 점에서 임상가의 이론은 교사에게 별로 도움이 되지 않는다. 주위의 사회 환경이 개인의 행동에 어떤 의미를 주느냐에 대해서도 임상가와 교사는 서로 다른 의견을 가지고 있다. 학생들의 행동은 교실에서 크게 제한된다. 똑같은 행동이라 할지라도 교실 밖에서 하면 전혀 다른 의미를 가지게 될 것이다. 교사들은 그 행동이 교실에 적합 하느냐에 주로 관심이 있다. 그러나 임상가들은 그 상황에 그 행동이 적합 하느냐를 별로 따지지 않는다.

임상적인 관점에서 보면 행동의 근본적인 '원인'은 개인에게 있다. 개인은 그의 흥미 · 필요 · 동기 · 가치 때문에 행동을 한다. 행동을 이해하기 위해서는 행동의 뒤에 있는 이러한 숨은 것들을 발견해야 한다고 그들은 주장한다. 그러므로 행동을 변화시키기 위해서는 인간의 내부에 있는 심리적 요인을 변화시키는 것이 중요하다고 보는 것이다.

그러나 학급에서 일어나는 행동은 이것과는 매우 다르다. 교사가 볼 때는 학생들의 행동은 내부적으로 숨겨 있는 심리적 원인 때문에 나타나는 것이 아니다. 학생들은 교사의 지시에 의하여 행동하는 것이다. 교사가 국어책을 내라고 하면 학생은 국어책을 낸다. 질문을 하면 손을 들고, 조용히 하라고 하면 조용히 한다. 그렇다고 학생들이 단순한 꼭두각시는 아니다. 교사가 시키는 대로 하지 않는 학생도 반드시 몇 명 있다. 그러나 대부분의 경우에 교실에서는 교회나 식당에서와 같이 행위자의 내부적인 심리상태를 이해하지 않더라도 행위자의 행동을 이해할 수 있다. 동기 · 필요 · 흥미와 같은 심리적 요인도 물론 중요한 역할을 하지만 구체적인 환경의 요구에 더 많이 제한된다. 교사는 이 환경의 요구를 정리하는 것이다. 교사가 지나치게 개인의 심리적인 동기를 연구하다 보면 그는 필요 이상으로 그런 것에 머리를 쓰게 될 것이다.

때로는 교사도 교실에서 일어나는 사건의 이면에 있는 심리적인 상태를 조사해야 할 때가 있다. 그런 경우에는 교사는 가던 길을 멈추고 개인의 마음속을 들여다보아야 한다. 그러나 교사의 다른 책임을 생각할 때에 그는 거기에 오래 머물러 있을 수가 없다. 이 때문에 임상가들은 교사의 심리학적인 지식이 부족하고 피상적인 것에 불과하다고 생각한다. 사실은 그렇게 될 수밖에 없는 것이다.

그러나 임상가들이 교사에 대해서 가지고 있는 견해가 교육적으로 적합한 것인가를 생각해 보아야 한다. 말하자면 교사들의 심리학적인 지식이 많아지면 교사들은 그만큼 그의 임무를 더 효과적으로 수행할 수 있을까의 문제이다. 이 말은 교사는 학생을 개인적으로 알아야 하는 것이냐의 문제와 같다. 이것을 부인할 사람은 없다. 교사는 수업의 첫날보다 다음날에 학생을 더 잘 알게 되고, 수업을 더 잘하게 된다. 그러나 얼마가 지나면 학생을 잘 알게 된다고 해서 수업이 무한정으로 개선되지는 않는다. 한계가 있다. 말하자면 수확체감(收穫遞減)의 현상이 일어나는 것이다.

이러한 한계를 이해하기 위해서는 인간행동의 '어떻게'와 '왜'를 구별해야 한다. 대개 교사는 왜 학생이 그러한 행동을 하느냐에 대해서보다도 어떻게 학생이 행동하느냐에 더 관심이 있다. A라는 학생은 그에게 맡겨진 일을 시간 안에 끝마친다. B라는 학생은 토론은 열심히 하지만 문제를 풀 때에 시간을 낭비한다. C라는 학생은 방과 후에 남아서 교사를 잘 도와주지만 과학시간에는 흥미가 없다. D라는 학생은 미술에 재주가 있고, 지도력이 있다. 대개 이런 식으로 학생을 이해하고 있다. 교육경험이 많아짐에 따라서 교사는 구체적인 상황에 따라서 일을 잘 처리한다. 이러한 이해가 어떤 때는 정확하고 어떤 때는 정확하지 못한 때가 있지만 어쨌든 이런 일이 교사가 하는 일인 것이다.

행동의 이유를 생각하는 경우는 행동의 종류에 따라서 중요한 경우가 있고 중요하지 않은 경우가 있다. 바람직한 행동인 경우는 행동의 이유를 물을 필요가 없다. 왜 어떤 학생은 열심히 하고, 토론에 참여하고, 미술을 잘하는가를 따질 필요는 없을 것이다. 임상가들은 이러한 교사의 태도를 좋아할지 어떨지 모르지만 교사들은 이러한 긍정적인 행동을 의심하기보다는 대개 감사하게 받아들인다.

교육적으로 바람직하지 못한 학생의 행동이 어디에서 오는 것인가를 조사하는 것은 교육적으로 바람직한 행동의 원인을 조사하는 것보다 교사의 관심을 더 끌 것이다. 왜냐하면 교사들은 그런 것들을 시정하려고 하기 때문이다. 그러나 이러한 원인을 조사하는 것은 쉽지도 않고 시간도 오래 걸리고, 실제의 이익도 별로 없을 것이다. A라는 학생이 과학을 싫어하는 이유가 과학자인 그의 아버지를 싫어해서가 아니라 기초실력이 부족해서라고 생각하자. 이러한 두 가지 이유가 A라는 학생을 지도하는 데 있어서 무슨 차이가 있을까? 별로 없을 것이다.

A라는 학생의 교사는 25명 내지 30명에게 일주일에 3~4회 과학 · 사회 · 국어 · 수학 등의 과목을 가르친다. 이런 경우에 교사가 할 수 있는 일은 A라는 학생을 격려하기 위

해서 되도록 과학을 흥미 있게 가르치는 일이다. 그 학생이 학년이 끝나기 전에 과학에 흥미를 갖게 되었다면 교사는 매우 기뻐할 것이지만, 그렇게 되지 않았다고 해서 교사는 그의 직무(職務)에서 실패했다고 생각하지는 않을 것이다.

교사들이 학생 개개인에 관심이 있다는 것은 사실이다. 교사들은 교실에서 학생들을 볼 때에 그들을 염려하고 때로는 문제학생을 상담교사에게 데려가기도 한다. 상담실의 활동은 교사들이 학생들을 이해하는 데 공헌할 것이며, 교사의 직무수행을 효과적으로 할 수 있도록 도와줄 것이다.

그러나 이러한 도움으로도 교사의 업무가 크게 감소되는 것은 아니다. 교사가 새롭게 이해하였다 해도 아마 문제학생은 문제학생대로 계속될 가능성이 크다. 만약 문제학생이 개선되었다 해도 교사의 업무는 그대로 계속되는 것이다. 교사의 일은 임상가들에게 흥미 있는 몇 학생들의 문제를 해결하는 것으로 끝나는 것이 아니다. 국어 시간에 읽을 책을 선정하고, 사회생활과에서 토론할 문제를 결정하고, 수업진행계획서를 작성하는 등 할 일이 많다. 새로운 좌석배정을 해야 하고, 과학시간에 사용할 도표의 활용방법을 생각해야 하고, 숙제를 검토해야 하는 것이다. 이와 같이 복잡한 교사의 업무를 생각할 때에 임상가들의 충고는 도움이 된다기보다도 교사들의 어깨를 움츠리게 할 뿐이다.

4

학습이론이나 공학적인 입장을 취하는 사람들은 교육을 예술로부터 과학으로 변화시키려고 한다. 그러나 그러한 변형이 가능하다거나 바람직하다는 증거는 없다. 교육의 성격을 변형시키는 것보다 지금까지 내려온 교육의 성격을 더욱 더 잘 이해하는 것이 중요할 것이다. 교실의 수업을 잘 들여다보면 수업에 예술성이 얼마나 포함되어 있든지 간에 그것을 변화시키는 것보다는 차라리 그대로 간직하는 것이 좋다는 것을 알게 될 것이다.

교실에서 일어나는 일들에 대한 연구는 오늘날 새로이 시작된 것은 아니다. 이러한 연구를 어떻게 진행할 것인가에 대해서는 지금까지 많은 연구가 있었다. 그러므로 이 책을 미래의 연구방향에 관한 경고나 충고로 끝맺는 것은 쓸데없는 일일 것이다. 그러나 여기에 서술한 견해들은 아직도 많은 사람들이 잘 알고 있는 일들은 아니므로 몇 마디 더 하는 것이 순서인 것 같다.

첫째, 교실에서 일어나는 일들을 연구하기 위해서 앞으로 더 많은 연구가 진행될 것은 말할 것도 없을 것이다. 최근에는 관찰적인 연구가 이미 증가하고 있다. 더욱이 최근의 연구자들은 심리학이나 교육측정 이외의 방법을 사용하고 있다. 참여관찰과 인류학적인 현장 연구 방법이 교육연구자들의 특수한 관심을 끌고 있다.

교실을 관찰하는 일은 직업적인 교사만이 할 수 있는 일은 아니다. 교사 · 행정가, 심지어는 학생도 할 수 있다. 그러나 정규적인 임무를 수행해 가면서 교직에 관한 이러한 분석적인 연구를 하는 것은 타고난 재질에 의해서 하든지 훈련에 의해서 하든지 간에 누구에게나 쉬운 일은 아니다. 다만 만 명중에 한 사람의 교사라도 교직에 관한 이러한 '내부적인 비판자'가 된다면 그것은 충분히 의의있는 일이다.

만약 교실에 관한 관찰연구가 증가하면 교직을 보는 눈도 달라질 것이다. 통일적인 하나의 교수이론이 나올 수는 없겠지만 교실생활의 모습을 연구하는 많은 비판적인 이론이 나옴으로써 이해를 도와줄 것이다. 각각의 관점은 연구자에게나 교사에게 교육문제를 검토할 수 있는 새로운 탐구전략을 제공해 줄 것이다. 예컨대 이 책의 관점은 교사와 학생에 영향을 주는 학교의 제도적인 면이었다. 이러한 입장은 학교의 운영에 관한 많은 질문을 제기할 수 있다.

관찰연구에서 오는 서술은 학교 내부에 있는 사람에게나 외부에 있는 사람에게나 유용한 언어가 될 수 있다. 교사와 실험실의 연구원이 동일한 상황에 관해서 토론하기 시작할 때에 서로가 이익을 볼 수 있을 것이다. 현재로서는 교사는 교실생활을 적절하게 서술할 언어를 가지고 있지 못한다. 따라서 업무를 서술할 때에 낡은 상투어나 표어에 의존할 수밖에 없다. 그러한 상태가 불가피한 것 같다. 비판적인 용어라 할지라도 그것이 교사들에게 보편화되었을 때는 이미 상투어가 되어 버릴지도 모른다. 그러나 교육문제를 서술할 수 있는 새롭고 활기 있는 언어가 필요한 것은 말할 것도 없다.

관찰 자체만큼이나 중요한 것은 관찰에 대해서 개방적인 태도를 취하는 일이다. 우리의 관찰은 관찰 전에 가지고 있는 편견에 의해서 제한되어서도 안 되지만 교수-학습의 논리적 이론에 너무 구애받아도 안 된다. 요약해서, 우리는 교실논쟁에 대해서 가지고 있는 우리의 안일한 생각을 버릴 준비가 되어 있어야 한다.

끝으로, 우리는 교실생활은 어느 때 어느 곳에나 존재한다는 것을 잊어서는 안 되겠다. 각 교실에서의 각 순간은 수백만의 사람들이 경험한 수백만 순간의 일부분이며, 또 각 사람이 수백만 번 경험한 수백만 순간의 일부분이다. 우리는 이제 그것을 자세히 관찰하려고 하는 것이다. 하나씩 관찰할 때에는 대부분의 교실의 일은 사소한 것으로 보인다. 어느 의미에서 그것은 사실이다. 오직 그것들이 쌓일 때에 중요성이 인식되기 시작하는 것이다.

수업 중에 교사와 학생 사이에 나타나는 형식적인 상호작용뿐만 아니라 학생들의 하품이나 교사의 찡그린 얼굴과 같이 사소한 것으로 보이는 일들이 무엇을 의미하는가도 생각해 보아야 할 것이다. 그러한 순간적인 일들이 교실생활의 의미를 더 잘 말해 줄 것이다.

역자 후기

이 책은 Philip W. Jackson, Life in Classroom, New York: Holt, Rinehart and Winston, Inc.을 완역한 것이다. 원저자 잭슨은 시카고 대학교의 교육학 교수로서 초등학교의 교실에서 일어나는 일들에 관심을 가지고 교실에서의 교사와 아동의 생활을 오랫동안 관찰하고 그 결과를 생생하게 그리려고 노력하였다. 잭슨의 문장은 재미있고 유창하여 평소에 사람들이 그대로 보고 넘기기 쉬운 일들을 매우 의미 있게 제기하여 준다. 역자는 되도록 원문을 충실하게 옮기려고 하였으나 때로는 우리의 표현에 알맞도록 문장을 약간 손질하였다.

우리는 이 책을 통해서 초등학교의 교실이 얼마나 복잡

하며, 교사가 하는 일이 얼마나 많으며, 또 교실에 갇혀 있는 동안 어린이들의 가슴에 어떠한 일들이 일어나고 있는가를 너무나 잘 알 수 있다. 그러나 이 책이 대한민국의 독자들에게 주는 의미는 그것보다도 미국의 초등학교 교실에서 일어나고 있는 일들이 우리의 초등학교 교실에서 일어나고 있는 일들과 어쩌면 그렇게도 똑같으냐는 것이다. 역자 자신도 미국에서 이 책을 처음 읽었을 때에 놀라움을 금하지 못하였다. 이 책을 대한민국의 독자들에게 소개하고 싶었던 충동은 바로 이 점이었다.

서울대학교 사범대학의 김 호권 교수와 김 종서 교수의 잠재적 교육과정에 관한 최근의 연구와 소개는 이 책을 번역하는데 큰 자극이 되었다.

끝으로 잭슨의 귀중한 저서를 한국의 독자들에게 소개할 수 있는 기회를 준 배영사와 편집부 여러분들의 노고에 충심으로 감사를 드린다. 아울러 독자들의 비판과 지도를 바라마지 않는다.

역 자